吉林省新型城镇化与土地健康利用协调发展研究

刘宝涛 著

中国农业出版社

　　本书系吉林省社会科学基金项目"吉林省新型城镇化与土地健康利用耦合演化关系及优化路径研究"（编号：2017BS27）的部分研究成果和吉林省教育厅"十三五"人文社科研究规划项目"吉林省新型城镇化与土地健康利用耦合协调机制及优化策略研究"（编号：JJKH20180719SK）的部分研究成果。

前 言 >>

美国经济学家斯蒂格里茨曾经说过，21世纪影响世界最大的两件事情是美国的高科技和中国的城镇化[1-4]。城镇化是世界各国经济发展的必经阶段，作为物质和人力资本的聚集场所，为生产要素集聚和溢出提供了便利，人口和产业在空间上的聚集降低运输和交易成本，从而推动经济和社会快速发展。而土地是社会经济发展、城镇化建设的物质基础，土地资源的数量、质量和健康状态，对一个国家或地区的经济、政治实力及发展前景有着深刻影响。

根据世界各国城镇化发展的一般规律，我国城镇化率处于30%～70%快速发展区间，已进入关键时期，是依靠科技创新促进经济发展的黄金期，然而同时也是各种"城市病"爆发期。若延续过去很长一段时期以来形成的粗放型城镇化模式必将带来产业转型升级缓慢、资源日益紧缺、环境恶化进一步加剧、社会矛盾持续凸显等一系列风险，进而影响城镇化进程与社会经济的可持续发展。2014年3月16日，《国家新型城镇化规划（2014—2020年）》公布，进一步明确未来中国的城镇化发展要走以人为本、四化同步、优化布局、生态文明、文化传承的中国特色新型城镇化道路，要求将节约集约用地作为推进城镇化转型发展的关键和核心任务。人多地少，土地资源稀缺始终是限制我国经济发展的一大瓶颈，坚持节约集约利用土地是可持续发展的必由之路。2008年，国家开始组织实施《区域土地资源安全保障与调控关键技术》重点研究项目。随着可持续发展观念的形成和发展，人口、资源、环境与发展问题引起了各界学者的关注，土地的可持续利用成为土地科学关注的焦点，而土地健康利用即为实现土地可持续利用的根基。

近年来，吉林省城镇化发展取得明显成效。2013年，城镇常住人口达到1 491.2万人，城镇化率达到54.2%；城镇产业集聚效应初步显现；城镇综合承载能力全面提升；体制机制创新取得积极进展，开展了城乡统筹、管理体制创新、户籍制度改革等，启动实施了22个省级示范城镇建设，为下一步的改革发展奠定了基础。吉林省城镇化进程中，也存在一些亟待解决的突出矛盾和问题。城镇化发展质量不高；基础设施欠账较多，交通拥堵、环境恶化等"城市病"已经显现；公共服务和社会保障能力不足；全省城镇居民养老保险实际参保率仅为69%；进城农民工在住房、教育、医疗、社会保障等基本公共服务和社会福利方面，基本没有享受到市民化待遇；城镇发展方式粗放。不少地方"摊大饼"式扩张，土地利用率不高，近五年来全省城镇人口增加1.8%，而城镇建设用地却增加了25.5%。

　　土地资源作为经济社会发展、城镇化建设的空间载体，其本身是城镇化发展的重要组成要素，即空间的城镇化，但是作为区域土地利用系统来看，其与城镇化发展相互影响、相辅相成。城镇化进程是局域渐进式的，带来土地利用系统的影响是全域的，城镇化发展为人类社会经济带来发展红利的同时，又会对区域土地利用系统带来负面胁迫，吉林省城镇化进程中的明显成效和突出问题均可反映在土地利用系统健康状况中。因此，研究、揭示新型城镇化与土地健康利用协调发展演化关系，尽快解决城镇化系统与土地利用系统之间的矛盾，提出未来吉林省城镇化与土地健康利用协调发展的具体建议及发展路径，对于国家新一轮东北地区等老工业基地振兴、吉林省经济社会可持续发展、新型城镇化建设推进、土地可持续利用的实现具有重要意义。

　　本书通过对城镇化与土地利用相关研究成果进行梳理、总结和评述，借鉴城镇化与土地利用的相关理论基础，界定土地健康利用的核心内涵，并对新型城镇化与土地健康利用的相互作用关系进行探讨，以"新型城镇化测度—土地健康利用测度—新型城镇化与土地健康利用协调发展关系测度"为研究思路，以吉林省为例，测度吉林省新型城镇化与土地健康利用时空演化特征，揭示两系统协调发展关系及协调发展类型，据此提出未来区域发展路径，为快速城镇化过程中的区域土地利用系统健康的诊断与优化，新型城镇化发展政策、土地利用决策制定、实施提供科学依据和重要参考。

全书主要研究内容如下：

（1）新型城镇化与土地健康利用相关基础理论。梳理、界定新型城镇化和土地健康利用的相关基础内涵，如城镇化、新型城镇化和土地利用、土地利用系统、土地健康利用；然后系统地整理、分析新型城镇化与土地健康利用的相关理论基础，主要包括"田园城市理论"、城镇化动力机制理论、生产要素理论、土地可持续利用理论、人地协调发展理论、新型城镇化理论、系统理论、区位理论和土地资源安全学说。

（2）研究区域概况。从自然环境状况、社会经济状况和城镇化发展状况三方面全面系统阐述了研究区域相关概况。其中，自然环境概况从地理区位、地质地貌、气候、水资源、土壤、植被等方面进行阐述分析；社会经济状况主要从地区生产总值及产业结构优化调整等方面进行阐述分析。最后，系统分析了吉林省城镇化发展进程的阶段特征及存在的主要问题。

（3）新型城镇化与土地健康利用的影响因素及其相互作用关系。首先，从国家政策、区位条件、经济基础、社会基础、文化基础等方面探究影响新型城镇化的具体因素；其次，从人口综合影响、资源环境禀赋、经济发展基础、国家政策法规、科技管理技术等方面探讨土地健康利用的影响因素；最后，定性分析新型城镇化与土地健康利用的相互影响、相互作用关系。

（4）吉林省新型城镇化与土地健康利用水平及其时空演变特征。根据新型城镇化发展目标对城镇化的要求，结合《国家新型城镇化规划（2014—2020）》《吉林省新型城镇化规划（2014—2020）》，并参考相关研究成果，从以人为本、统筹城乡、集约高效、生态文明、文化传承5个方面，分别构建吉林省及9地市（州）新型城镇化综合评价体系；同时从土地健康利用内涵出发，基于土地利用系统的"压力-状态-响应"框架模型，分别构建吉林省及9地市（州）土地健康利用综合评价体系；测度2000—2014年吉林省、长春市的新型城镇化综合指数、土地健康利用综合指数，2000年、2007年、2014年9地市（州）的新型城镇化综合指数、土地健康利用综合指数，重点分析2000年以来吉林省新型城镇化与土地健康利用的时空格局及演变特征。

（5）新型城镇化与土地健康利用协调发展关系。首先，运用灰色关联度方法测算吉林省省域、市域的纵向时序和横向截面的新型城镇化与土地健康利用灰色关联系数，确定两系统相互影响、相互作用的关联程度；其次，引入动态耦合度模型和耦合协调度模型测度吉林省新型城镇化与土地健康利用协调发展关系，分析其时空演变特征与影响因素。

（6）新型城镇化与土地健康利用的协调发展类型与发展路径。根据吉林省新型城镇化与土地健康利用协调发展关系的测度结果，将协调发展关系划分为城镇化发展滞后型和土地健康利用滞后型两个基本类型，并据此提出"城镇化推动主导调控型"和"土地健康提升主导调控型"两种区域发展路径，为国家和地区新型城镇化与土地健康利用协调发展提供辅助决策支持。

本书主要研究结论如下：

（1）吉林省新型城镇化发展演变与时空格局特征

吉林省新型城镇化综合指数与各评价指标的关联度排名前 10 位的因子：城镇居民人均消费支出、城乡人均消费支出差异、工业废气排放总量、工业固体废物产生量、农村居民人均消费支出、城镇基本养老保险参保人数、人均城市道路面积、研究与试验发展人员折合全时当量、人均公园绿地面积、万人拥有医疗卫生机构数。长春市新型城镇化综合指数与各评价指标关联度排名前 10 位的因子：城镇居民人均消费支出、城乡人均消费支出差异、城镇基本养老保险参保人数、工业固体废物产生量、人均城市道路面积、人均公园绿地面积、工业企业研究与试验发展人员、公共图书馆藏书、农村居民人均消费支出、工业废水排放量。

2000—2014 年，吉林省城镇化发展质量趋于优化，新型城镇化水平不断提高。研究期内，吉林省新型城镇化综合指数年平均增长率达 10.81%，经历了"W 形"波动提升初期（2000—2005 年）—"左凸形"急剧提升中期（2005—2009 年）—"右凸形"稳健提升后期（2009—2014 年）。

2000—2014 年，长春市城镇化发展波动震荡但总体趋好，新型城镇化水平有所提升。研究期内，长春市新型城镇化综合指数年平均增长率达 10.45%，经历了"W 形"波动提升初期（2000—2006 年）—"左凹形"迅速提升中期（2006—2010 年）—"W 形"震荡提升后期（2010—2014 年）。

2000—2014 年，吉林省 9 地市（州）新型城镇化水平空间差异显著。长春市水平最高且提升明显，其他地区相对偏低且发展缓慢；通过分析 3 时期地市（州）新型城镇化水平与同期省平均水平的差距可知，3 时期 9 地市（州）逐步呈现出梯形均衡发展格局、金字塔形分化发展格局、纺锤型极化发展格局，区域极化特征尤为明显；通过分析其具体类型可知，区域新型城镇化发展缓慢，但总体呈趋好态势。

（2）吉林省土地健康利用演变与时空格局特征

吉林省土地健康利用综合指数与各评价指标关联度排名前 10 位的因子：地均 GDP、人均 GDP、城镇人均可支配收入、农民人均纯收入、城市污水处理率、固定资产投资增长率、土地垦殖率、工业固体废物综合利用率、人均耕地面积、工业废水排放达标率。长春市土地健康利用综合指数与各评价指标关联度排名前 10 位的因子：地均GDP、城镇人均可支配收入、农民人均纯收入、科技投资强度、人均建设用地面积、土地城镇化率、人均 GDP、固定资产投资增长率、城市化水平、工业固体废物综合利用率。

2000—2014 年，吉林省土地健康利用水平稳步提高。研究期内，吉林省土地健康利用综合指数年平均增长率达17.26％。研究期内经历了"W 形"波动提升初期（2000—2005 年）—"左凸形"缓慢发展中期（2005—2009 年）—"阶梯形"快速提升后期（2009—2014 年）。

2000—2014 年，长春市土地健康利用水平总体趋向好的方向发展，但是多年波动起伏，发展较为曲折。研究期内，长春市土地健康利用综合指数年平均增长率达15.45％，经历了"W 形"平缓提升初期（2000—2006年）—"左凸形"急速提升中期（2006—2010 年）—"N形"波动震荡提升后期（2010—2014 年）。

2000—2014 年，吉林省 9 地市（州）土地健康利用水平普遍偏低，中、东部地区优于西部地区，且地区间差距较大；通过分析 3 时期 9 地市（州）土地健康利用水平与同期省平均水平的差距可知，3 时期 9 地市（州）逐步呈现梯形均衡发展格局、梯度分化发展格局、显著梯度分化发展格局，区域梯度集聚特征尤为明显；通过分析其具体类型可知，区域土地健康利用状况改善较为缓慢，均处于临界健康水平以下（Ⅲ类），发展形势较为严峻。

（3）吉林省新型城镇化与土地健康利用协调发展关系演变与时空格局特征

2000—2014年，吉林省新型城镇化与土地健康利用的动态耦合作用表现出由低级协调共生阶段向初级协调发展阶段过渡，最终向共同发展阶段演化的良性耦合态势，土地承载容量充足，城镇化快速发展带动土地健康利用水平提高；两系统的静态耦合度C呈现先震动提升后缓慢波动的整体上升趋势，其交互耦合作用趋向良好状态演化；两系统的耦合协调度D呈现持续稳定提升态势，其交互耦合作用的协调程度逐步改善，由失调衰退阶段发展至基本协调阶段。

2000—2014年，长春市新型城镇化与土地健康利用的动态耦合作用表现出由初级协调发展阶段向共同发展阶段演化的良性耦合态势，两系统发展趋势趋于一致；两系统的静态耦合度C呈现先震荡提升后平缓波动的总体上升趋势，至研究期末属于拮抗阶段，其交互耦合作用的波动震荡为土地健康水平的快速上升提供了机会；两系统的耦合协调度D呈持续稳定提升态势，其交互耦合作用的协调程度逐步改善，由失调衰退发展进入基本协调阶段。

2000—2014年，吉林省9地市（州）新型城镇化与土地健康利用的静态耦合度C呈现明显时空分异特征，长春市、吉林市、辽源市、通化市、松原市呈阶梯式递减态势，四平市、白山市呈V形曲折递减态势，白城市呈倒V形曲折递减态势，延边朝鲜族自治州呈阶梯式递增态势；从其静态耦合度阶段类型来看，2000年吉林市、白山市属于磨合阶段，其他地区均均属于拮抗阶段，各地区其耦合关系还存在着较大的提升空间。9地市（州）的耦合协调度D均有一定程度的提升，从长春开始，逐步扩展到吉林市，进一步向东西两翼地区扩展，长春市、吉林市、四平市、辽源市、通化市、松原市、延边朝鲜族自治州呈阶梯式递增态势，白山市、白城市呈V形曲折递减态势，各地区均有明显提升，这表明交互耦合的协调程度有所改善；从其耦合协调类型来看，长春市、吉林市均提升了一个等级，长春市由濒临失调衰退型增至勉强协调发展型，吉林市由轻度失调衰退型增至濒临失调衰退型，其他地区等级均无变化。

（4）吉林省新型城镇化与土地健康利用协调发展类型与路径

2000—2014年，吉林省域和长春市域的新型城镇化与土地健康利用总体上表现出土地健康利用明显滞后型向土地健康利用轻微滞后型转变，转型速度相对缓慢，且土地健康利用滞后始终是制约省域新型城镇化与土地健康利用协调发展的重要因素。因此，未来吉林省和长春市均应该采取"土地健康提升主导调控型"是以促进吉林省新型城镇化与土地健康利用系协调发展的主要路径。

2000—2014 年，吉林省 9 地市（州）新型城镇化与土地健康利用协调发展关系存在空间差异，长春市为土地健康利用轻微滞后型，这与长春市域纵向时序数据研究结果相一致，吉林市、白山市为城镇化发展轻微滞后型，其他地区为城镇化发展明显滞后型。未来长春市采取"土地健康提升主导调控型"的区域发展路径，其他地区采取"城镇化推动主导调控型"的区域发展路径，以促进吉林省 9 地市（州）新型城镇化与土地健康利用协调发展的有效实现。

本书是在博士学位论文的基础上完成的，同时，也是著者近年来主持的吉林省社会科学基金项目"吉林省新型城镇化与土地健康利用耦合演化关系及优化路径研究"（编号：2017BS27）和吉林省教育厅"十三五"人文社科研究规划项目"吉林省新型城镇化与土地健康利用耦合协调机制及优化策略研究"（编号：JJKH20180719SK）等部分研究成果的集成。在撰写过程中，参考了许多专家学者的研究成果，为防挂一漏万，不一一列出，在此深表谢意。

由于本书著者的水平和我国新型城镇化进程的持续推进，存在着诸多未被认识的问题，加之本书许多材料收集于几年前，因此，错误和不妥之处一定很多，恳请读者提出宝贵意见。

刘宝涛

2018 年 5 月于长春

目 录 ▶▶

第1章 绪 论

1.1 选题背景及意义

1.1.1 选题背景

美国经济学家斯蒂格里茨曾经说过,21 世纪影响世界最大的两件事情是美国的高科技和中国的城镇化[1-4]。纵观世界各国经济发展史,城镇化是经济发展的必经阶段,城镇是物质和人力资本的聚集的场所,为生产要素的集聚和溢出提供了便利,人口和产业在空间上的聚集降低运输和交易成本,从而推动经济和社会的快速发展。而土地是社会经济发展、城镇化建设的物质基础,土地资源的数量、质量和组合状态,对一个国家或地区的经济、政治实力及发展前景有着深刻的影响[5-9]。

我国处于城镇化率 30%~70% 的快速发展区间,《国家新型城镇化规划(2014—2020 年)》中指出:目前我国常住人口城镇化率为 53.7%,户籍人口城镇化率只有 36%。与发达国家 80% 的城市化率相比,我国的城镇化还有巨大的发展空间。然而,我国传统的城镇化模式带来严重的资源环境问题。突出的表现之一是城镇建设用地的非理性增长,土地城镇化严重快于人口城镇化,城镇空间利用呈现低密度、分散化的倾向,城镇土地闲置和粗放低效利用。我国当前存量建设用地中约 15%~30% 处于闲置或低效利用状态[11]。而与此同时,1996—2012 年,全国城镇建设地却年均增加 23.8 万 hm²。其中,2010—2012 年,城镇建设用地年均增加更是达到了 34.3 万 hm^2。此外，2000—2011 年，在城镇人口保持 50.5％增长速度的同时，城镇建成区面积却增长了 76.4％。这种过度依赖土地城镇化来维持的城镇化发展模式不仅加剧了建设用地的粗放利用，还造成了大量耕地资源的浪费，对我国的粮食安全和生态安全都构成了严重威胁[10-13]。在目前的城镇化进程中，出现了一系列的问题，例如大量的农业转移人口难以融入城市社会，市民化进程滞后，农业转移人口未能在教育、就业、医疗、养老、保障性住房方面享受城镇居民的基本公共服务。另外一个重要问题是土地的城镇化快于人口的城镇化，建设用地粗放利用，有些城市"摊大饼"式扩张，大建新城新区，新区人口密度低，土地利用极不合理[13]。

根据全世界各国城镇化发展的一般性规律，我国当前的城镇化水平已进入关键时期，是依靠科技创新促进经济发展的黄金期，然而同时也是各种"城市病"的多发期和爆发期[14-16]。若延续过去很长一段时期以来形成的粗放型城镇化模式必将带来产业转型升级缓慢、资源日益紧缺、环境恶化进一步加剧、社会矛盾持续凸显等一系列风险，进而影响城镇化进程与社会经济的可持续发展。随着内外部环境和条件的深刻变化，尤其是资源环境压力的日益加剧和人口红利的逐渐见顶，传统城镇化发展模式已经难以为继。针对我国城镇化进程中出现的一系列的问题，国家层面提出"新型城镇化"道路，新型城镇化的"新"主要表现在以人为本的城镇化，不是简单的城镇人口比例增加和规模的扩张，更加注重人的城镇化，注重城乡的统筹发展，注重产业支撑、生活方式、人居环境以及社会保障等方面向城镇方向转变[17]。

2014 年 3 月 16 日，《国家新型城镇化规划（2014—2020 年）》公布，进一步明确未来中国的城镇化发展要走以人为本、四化同步、优化布局、生态文明、文化传承的中国特色新型城镇化道路，要求将节约集约用地作为推进城镇化转型发展的关键和核心任务[18-21]。人多地少，土地资源稀缺始终是限制我国经济发展的一大瓶颈，坚持节约集约利用土地是可持续发展的必由之路。2008年，国家开始组织实施《区域土地资源安全保障与调控关键技术》重点研究项目。随着可持续发展观念的形成和发展，人口、资源、环境与发展问题引起了各界学者的关注，土地的可持续利用成为土地科学关注的焦点，而土地健康利用即为实现土地可持续利用的根基[18-21]。

吉林省的城镇化发展经历了中华人民共和国之后的快速发展期，"大跃进"、"三年困难时期"和"文化大革命"的波动下降期，改革开放后的较快发展期，以及近十余年来的缓慢发展期四个阶段[22]。

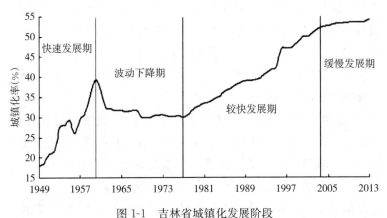

图1-1 吉林省城镇化发展阶段

资料来源：《吉林省新型城镇化规划（2014—2020年)》。

近年来，吉林省城镇化发展取得明显成效。2013年，城镇常住人口达到1 491.2万人，城镇化率达到54.2%；城市数量达到29个；城镇产业集聚效应初步显现，全省113个省级以上开发区（工业集中区）经济总量、财政收入和规模以上工业增加值比重分别占到全省的65.3%、50.7%和80%，城镇综合承载能

力全面提升，城镇公共供水和城市燃气普及率分别达到 93.5%
和 89.5%，城市生活垃圾无害化处理率和污水集中处理率分别
达到 72% 和 83%，每万人拥有小学以上教师人数、医疗床位数、
卫生技术人员数处于全国领先地位，城镇常住人口基本医疗保险
覆盖率达到 93.8%；体制机制创新取得积极进展，以户籍管理、
社会保障和土地管理制度为重点，研究制定了 8 个方面的城镇化
配套改革政策，开展了城乡统筹、管理体制创新、户籍制度改革
等 16 个类型 20 个试点，启动实施了 22 个省级示范城镇建设，
为下一步的改革发展奠定了基础[22-24]。

　　吉林省城镇化进程中，也存在一些亟待解决的突出矛盾和问
题。城镇化发展质量不高。基础设施欠账较多，交通拥堵、环境
恶化等"城市病"已经显现。公共服务和社会保障能力不足。全
省城镇居民养老保险实际参保率仅为 69%。进城农民工在住房、
教育、医疗、社会保障等基本公共服务和社会福利方面，基本没
有享受到市民化待遇。城镇发展方式粗放。不少地方"摊大饼"
式扩张，土地利用率不高，近五年来全省城镇人口增加 1.8%，
而城镇建设用地却增加了 25.5%[22-24]。

　　"土地城镇化"明显快于"人口城镇化"。城镇结构不合理。
大城市不大，中小城市发育不足，缺少 50 万～100 万人规模的
城市。小城镇不强，镇区城镇人口超过 3 万人的镇只有 63 个，
超过 5 万人的镇只有 34 个。产业支撑能力不强。传统支柱产业
竞争优势逐渐减弱，新兴产业实力尚未形成，地域、城镇间的产
业配套协作程度较低，集群发展优势不够明显。资金保障能力不
足。城镇化建设历史欠账较多，债务负担较重，财政和金融风险
不断积累。吉林省推进新型城镇化建设，必须吸取经验教训，有
针对性地解决好这些已经积累的突出矛盾和问题，在解决问题中
释放城镇化的潜力和效应，推动城镇化走上健康发展的
轨道[22-24]。

吉林省新型城镇化处于加快发展的战略机遇期。新型城镇化发展作为我国经济增长最强大、最持久的内生动力，围绕农业转移人口市民化、提升城镇化质量、发展城市群主体形态、增强中小城市吸引力等重点任务，将全面深化户籍、人口、财政、土地管理制度改革，探索农业转移人口市民化成本分担机制，建立多元可持续的投融资机制，加大对中西部区域的支持，国家层面培育发展哈长城市群，为吉林省新型城镇化发展提供了政策机遇。长吉图开发开放先导区战略的深入推进，新一轮东北老工业基地振兴战略的实施为吉林省新型城镇化发展提供了有力支撑[22-24]。

吉林省城镇化发展面临着较为严峻的挑战。从内部看，农村居民不愿放弃享受国家不断加大的惠农政策和既有土地收益，面临农民转化市民意愿不强的挑战；依靠劳动力廉价供给、土地资源粗放消耗、非均等化基本公共服务压低成本推动城镇化发展的模式不可持续，面临转变发展方式的挑战；以重化工为主的产业结构和服务业发展滞后使城镇吸纳农业转移人口能力较弱，面临在本省城镇就业不充分的挑战；城市负债率较高，城镇化建设资金量需求巨大，传统融资模式不可持续，市场化、多元化投融资渠道没有形成，面临金融支撑不足的挑战；部分资源短缺，全省一次能源自给率仅为 61.50%，35 个县以上城镇严重缺水，很多城市只有 1 个水源地，面临资源承载不足的挑战；7 个资源枯竭型城市接续替代产业仍处于起步阶段，32 个独立工矿区因资源储量衰减导致相关产业衰退，面临转型发展的挑战；在城乡分割的管理体制背景下，农业转移人口市民化面临土地、户籍、社保等诸多制度约束的挑战。从外部看，全国各省份重点城市竞相发展势头强劲，吸纳要素能力不断提升，相邻的辽宁和黑龙江两省相继走出城镇化低速徘徊阶段，呈现较快的发展态势，吉林省 2000—2013 年，全省城镇化率提高 4.54 个百分点，年均增长仅 0.35 个百分点，落后全国平均水平，面临较大的竞争压力[22-24]。

吉林省城镇化发展速度将呈现先低后高的态势。近几年来城镇化发展速度缓慢,2008—2012年,五年期间仅增长0.49个百分点,2012年增长0.34个百分点,2013年增长0.5个百分点,已呈现进入拐点区间迹象,发展速度有加快趋势。到2020年要实现全面建成小康社会宏伟目标,城镇化作为统筹"四化"发展的关键载体,有必要保持一个适度较快的增长速度,未来一段时期吉林省城镇化率年均增长1个百分点左右[22-24]。

土地资源作为经济社会发展、城镇化建设的空间载体,其本身是城镇化发展的重要组成要素,即空间的城镇化,但是作为区域土地利用系统来看,其与城镇化发展相互影响、相辅相成。城镇化进程是局域渐进式的,带来土地利用系统的影响是全域的,城镇化发展为人类社会经济带来发展红利的同时,又会对区域土地利用系统带来负面胁迫,吉林省城镇化进程中的明显成效和突出问题均可反映在土地利用系统健康状况中。因此,研究、揭示新型城镇化与土地健康利用协调发展演化关系,尽快解决城镇化系统与土地利用系统之间的矛盾,提出未来吉林省城镇化与土地健康利用协调发展的具体建议及发展路径,对于国家新一轮东北地区等老工业基地振兴、吉林省经济社会可持续发展、新型城镇化建设推进、土地可持续利用的实现具有重要意义[25-28]。

1.1.2 研究目的

本书通过对城镇化与土地利用相关研究成果进行梳理、总结和评述,借鉴城镇化与土地利用的相关理论基础,界定土地健康利用的核心内涵,并对新型城镇化与土地健康利用的相互作用关系进行探讨,以"新型城镇化测度—土地健康利用测度—新型城镇化与土地健康利用协调发展关系测度"为研究思路,以吉林省为例,测度吉林省新型城镇化与土地健康利用时空演化特征,揭示两系统协调发展关系及协调发展类型，据此提出未来区域发展路径，为快速城镇化过程中的区域土地利用系统健康的诊断与优化，新型城镇化发展政策、土地利用决策制定、实施提供科学依据和重要参考。

1.1.3　研究意义

随着中国城镇化发展的快速推进，正确认识、处理城镇化发展与土地利用的关系，已经成为城市社会经济可持续发展的重要因素和核心问题。国内外学者基于城镇化发展的现实困境，对城镇化与土地利用开展了大量综合研究。研究成果侧重于当前城市土地利用的突出问题，主要集中在城镇化发展与土地集约利用、土地利用效益、土地利用效率、土地安全、土地生态系统服务等方面。另外，城镇化过程中的土地财政、土地流转、土地征收、耕地保护等问题也得到了学界的广泛关注并取得丰硕的成果。部分学者还将人口、土地、经济等城镇化要素关联，研究城镇化要素间的相互协调发展关系。但多将土地作为城镇化发展的物质基础要素或拓展承载空间，研究其与城镇化的相互关系，较少关注城镇化进程中区域土地利用系统健康评价、诊断（蔡为民等，2004；郭杰等，2011；郑华伟等，2012），以及两大系统间的相互关系（刘宝涛等，2016）。由于城镇化进程是局域渐进式的，对土地利用系统的影响是全域的，城镇化发展为人类社会经济带来发展红利的同时，又会对区域土地利用系统带来负面胁迫，城镇化进程中的明显成效和突出问题均可反映在土地利用系统健康状况中。深入研究城镇化发展与土地健康利用的关系，有益于充实、丰富城镇化与土地利用相关科研成果，也能为快速城镇化过程中的区域土地利用系统健康诊断、优化提供科学依据和重要参考，具有一定的理论意义。

城镇化发展始终是我国学术界研究、讨论的热点，而土地系统健康利用是城镇化进程的重要条件，已成为我国新型城镇化快速、健康发展的关键环节[29-31]。土地资源是城镇发展重要的空间组成要素，也是人口、产业、资本等生产要素的空间承载。目前来看，城镇化研究涉及发展模式、效率评价、发展路径、发展方式、机制政策设计等，土地健康利用可以助推经济发展优化结构、转变方式，并能成为推进经济可持续发展的重要途径[33,34]。

当前关于城镇化与土地利用研究多集中于城镇化与土地集约利用、土地利用效率、土地利用效益、农地非农化、水土资源系统的结合研究等，更多侧重于土地资源作为城镇化发展的要素投入、空间扩展[33-35]。但更为重要的，城镇化发展为城乡地域系统带来经济社会的物质财富和精神品质的同时又会对城乡地域系统产生负面胁迫，并且从区域土地利用系统健康状况反映出来。

因此，本书尝试研究新型城镇化和土地健康利用的协调发展关系，在一定程度上弥补了这方面研究的不足，也有助于进一步丰富、拓展和完善新型城镇化发展理论和土地利用系统健康理论的相关研究内容。另外，吉林省是国家重要的粮食主产区、畜牧业区、林区，各地方自然环境、资源禀赋、城市发展、经济基础等方面差异显著，随着新一轮东北振兴政策的实施，以及《国家新型城镇化规划（2014—2020年）》与《吉林省新型城镇化规划（2014—2020年）》的相继出台，各地区经济社会快速发展，城市建设用地需求加剧，城乡空间形态优化重构，将引导城镇化地区、农业主产区、生态主导区功能互补、协同共生，形成以区域土地利用系统为空间承载的人口分布、经济基础与资源环境协调良性发展。研究吉林省新型城镇化与土地健康利用的协调发展演化关系，对新一轮东北振兴、吉林省社会经济可持续发展，土地可持续利用的实现具有重大实践意义。

1.2　国内外研究进展

1.2.1　城镇化相关研究进展

1.2.1.1　国外相关研究进展

国外学者关于城镇化研究形成了多种派别。以帕克、卡斯托等为代表的生态学派，强调在城镇化研究中将生态学原理应用其中；以克斯和莫尔为代表的新韦伯主义学派，主要是将伯吉斯的同心圆模式与韦伯理论结合阐述其独特观点；以桑托斯为代表的新保护主义学派认为，摒弃旧方法、旧理论，将现实主义引入城镇化理论体系；以安东尼奥·葛兰西为代表的福特主义学派，强调城市的核心—边缘结构和社会、经济、空间结构。国外城镇化研究成果日趋丰富，主要体现在城镇化作用、发展规律、基本模式和动力机制等方面。

（1）城镇化的作用研究

关于城镇化作用研究国外学者分别持乐观和悲观两种态度。乐观者认为，城镇化能够促进经济发展，引领国家实现现代化（哈德森，1969）；悲观者认为，城镇化的负面作用造成发展中国家持续贫困（利普顿，1977）。Chenery（1957）研究认为城镇化能够在某种程度上促进经济增长[36]；Berry（1971）也证实这一点[37]。Lucas（1988）、Fay 和 Opal（2000）研究发现城镇化和国民经济增长的存有明显正向性[38,39]，Moomaw 和 Shatter（1996）通过回归分析，验证出城镇化和经济增长及工业化的正向关系以及工业化是城镇化的根本动力[40]。Henderson（2003）测算了城镇化与经济增长的相关系数。同时，城镇化健康持续发展可以带来带来集聚效应（Ortega，2000；Kawsar，2012）

等[41-45]。与城镇化作用乐观态度相对立的，城镇化进程总会产生各种矛盾问题，诸如人口过度拥堵（Magura and Lovei，2010）、交通堵塞（Henderson，2002；Henderson，2004）、房价高企（Sanidad-Leones，2006）及环境污染（Copel and Taylor，2002）等[46-50]。

（2）城镇化的发展规律研究

国外学者认为城镇化发展通常体现阶段性规律。Chenery（1957）通过实证研究表明，人均国内生产总值和城镇化水平的正向关系，工业化率和城镇化率基本呈现两条相互平行上升的曲线。Northam（1979）研究认为，可以把一个国家和地区的城镇人口占总人口比重的变化过程概括为一条稍被拉平的"S"形曲线，即呈现出一条"逻辑斯蒂"曲线，并将其划分为初期（0～30%）、中期（30%～70%）和后期（70%～100%）三个阶段，同时，城镇化发展还表现出后发加速的规律。这一经典理论成果，被后人应用到一国或区域城镇化的阶段划分和研究中去[51]。美国学者弗里德曼（Friedman，1995）将城镇化过程区分为城镇化 I 和城镇化 II。前者包括人口和非农业活动在不同规模城市环境中的地域集中过程、非城镇型景观转化为城镇型景观的地域推进过程；后者包括城镇文化、城镇生活方式和价值观在农村的地域扩散过程，即抽象的、精神上的过程[52]。一般来讲，发达国家的城镇化都表现为集中趋向的城镇化阶段（center urbanization）、郊区城镇化阶段（suburbanization）、逆城镇化阶段（counter urbanization）和再城镇化阶段（reurbanization）四个阶段[53]，这也清晰说明城镇化的演进规律，也为我国未来的新型城镇化发展提供经验借鉴。

（3）城镇化的基本模式研究

国外城镇化模式主要体现出两种。其一是以西欧为代表的国家政府调控下的市场主导型的城镇化；其二是以美国为代表的自由放任式的城镇化。相比之下，西欧国家的市场主导兼顾政府调控的特点更好地处理了城镇化与经济、社会、环境等各方面协调发展的关系[54]。另外，部分学者针对城镇化发展模式与其某一方面开展相关性研究[55]，如，Kang 等（2012）分析了城镇化模式与交通拥堵的内在关系；Michaels（2012）对城镇化模式和结构转型的关系进行分析[56]。国外城镇化模式对于我国城镇化推进具有一定的借鉴和参考价值。

（4）城镇化的动力机制研究

城镇化发展受到哪些具体因素影响，其动力机制是什么？国外研究可以归结于以下方面："推拉"力机制，马贡杰（1970）认为，城乡人口迁移的最根本的动力机制来源于城镇拉力和乡村推力。经济动力机制，Northam（1979）证实了城镇化和经济增长之间的关系，两者之间存在共进关系[57]。中国的城镇化道路基本是在工业化战略的推动下形成的（Roger C. K. Chan，Yao Shimou，1999）[58]。拓展到由城镇化所带来的城镇密集区，戈德曼（1957）在其著名论文《Megalopolis：or the urbanization of the northeasternseaboard》中通过对美国东北部城市绵延区的考察，提出了大都市连绵带的概念，认为交通运输和信息产业的高度发达成为促使大都市连绵带形成的重要动力机制。城乡政策的动力机制，Michael 和 Seeborg（2000）认为，城乡政策的实施有助于通过鼓励劳动力的迁移而完成城镇化的过程[59]。此外，部分学者也从工资收入（Gibbs and Bernat，1997）、集聚经济、受教育程度（Andersson，2009）及全球化（Loand Marcotullio，2000；Hutton，2003）等方面进行了探讨[60-64]。

（5）新型城镇化理论研究综述

随着对城镇化建设的质量及内涵的要求不断提升，新型城镇化的理念被提了出来。与传统的提法比较，新型城镇化更强调内在质量的提升，也就是要推动城镇化由偏重数量规模增加向注重质量内涵提升的转变。新型城镇化的"新"是指观念更新、体制革新、技术创新和文化复兴；"型"是指转型，过去的城镇化是依靠中小城镇的带动，而如今我们更应该强调城镇集群、大中小城镇和小城镇协调配合的必然性。

著名城镇生态专家、中国科学院生态环境研究中心研究员王如松院士指出，城镇化不是简单的城镇人口比例增加和面积扩张，而是要在产业支撑、人居环境、社会保障、生活方式等方面实现由"乡"到"城"的转变。

连平认为，目前我国城镇中有 2 亿多农民工，大部分难以真正享受城镇生活，所以我们下一步需要做的就是逐步让农民工真正转变为市民，这样既可以拉动经济又实现了社会公平正义。

张立群建议，加大公共服务投入力度，逐步使得户籍所承载的教育、医疗、社保等公共服务实现城乡均等化，为户籍制度改革扫除障碍，同时，城镇化不等于大拆大建，要注意城镇全面发展，特别是在"软件"和规划管理水平上下工夫。

2012 年年底，在北京召开的中央经济工作会议中提出了2013 年经济工作的主要任务是："积极稳妥推进城镇化，着力提高城镇化质量"。城镇化是我国现代化建设的历史任务，也是扩大内需的最大潜力所在，要围绕提高城镇化质量，因势利导、趋利避害，积极引导城镇化健康发展。要构建科学合理的城镇格局，大中小城镇和小城镇、城镇群要科学布局，与区域经济发展和产业布局紧密衔接，与资源环境承载力相适应，要把有序推进农业转移人口市民化作为重要任务抓实抓好。要把生态文明理念和原则全面融入城镇化全过程，走集约、智能、绿色、低碳的新型城镇化道路。

随着城镇化的推进，新型城镇化理念的提出，我们应该着力提高城镇化水平。但共识和分歧同样存在，因此就如何提供城镇化发展水平，确定城镇化发展道路，采取怎样的土地改革措施，以及户籍与社会保障制度等都有待于进一步的研究与拓展。

1.2.1.2 国内相关研究进展

城镇化研究已经成为当前我国学术界关注的热点话题。国内城镇化研究主要集中于城镇化特征、路径选择、动力机制及对策建议等方面，伴随着新型城镇化提出，国内学者对此开展研究。

(1) 城镇化特征

国内学者关于城镇化发展、演进的特征研究，其观点并不一致。首先，在城镇化水平方面，曹桂英和任强（2005）对全国和不同区域人口城镇化水平进行预测；肖万春（2006）研究认为城镇化综合评价体系的建立应着重考虑城镇化数量和素质的统一性；陈晓倩和张全景等（2011）构建了城镇化指标体系并开展实证研究。其次，在城镇化的速度方面，孔凡文和许世卫（2005）认为我国城镇化速度仍低于世界平均水平；周一星（2006）认为，近期城镇化超高速增长主要是口径调整的结果[65-71]；陈明和王凯（2013）研究认为我国城镇化进程呈现更为平滑的"S"形曲线[72]。再次，在城镇化质量方面，赵燕菁（2000）将城市化质量定义为社会分工和专业化水平；朱洪祥（2007）、张春梅和张小林等（2012）分别对山东省和江苏省的城镇化质量进行了实证测度[73-76]；中国必须走出一条质量型的城镇化道路（相伟，2012；张明斗和王雅莉，2012）[77,78]。最后，在城镇化的地域差异方面，辜胜阻（1993）、吕文明和刘海燕（2007）及巴曙松（2013）等分别基于国家尺度和省域尺度对城镇化的区域差异性进行分析[79-81]。这些研究成果也将为我国未来城镇化发展指明方向。

（2）城镇化的路径选择

在国家宏观政策引导下，国内学者对于城镇化发展路径发表了各自观点。部分学者认为，应当走大城市发展道路。饶会林和曲炳全（1990）明确提出，大城市远大于小城市的规模效益；王小鲁和夏小林（1999）关于城市规模提出符合当前条件的是 100 万～400 万的城市人口数[82,83]。马春辉（2003）、周铁训（2003）、王雅莉（2004）等认为，我国应该坚持走大城市化的发展道路[84-86]。陈其林、林新和尚琳琳（2002）通过实证分析中国城镇化道路选择，提出大城市应当发挥龙头优势，同时发展中小城市。刘勇和林家彬（2006）也坚持应当着力投资大城市基础设施建设，促进城乡发展[87]。蒋国平（2006）指出，我国应走资源节约型城镇化道路，坚持新型工业化带动城镇化发展；张明斗和王雅莉（2012，2013）认为，应走包容性的、民生型的和均衡型的城镇化发展道路，体现城镇化以人为本的思想内核[88-90]。辜胜阻和易善策（2009）认为，中国必须从国情出发，走中国特色的城镇化道路[91]。孙久文和叶振宇（2009）认为，我国城镇化要走集约型城镇化道路。对于中国未来的城镇化发展应该走出一条中国特色城镇化发展道路（马凯，2012）[92,93]。

（3）城镇化的动力机制

国内学者关于城镇化动力机制研究集中于以下方面：一是主体行为动力机制[94-99]。政府、企业和居民多为城镇化的进程中的行为主体，划分为由政府主导的自上而下型和由市场主导的自下而上型两种类型[94]。二是产业结构转换动力机制[100-103]。张培刚（2001）提出，工业化是城镇化的内生动力[100]。三是制度变迁动力机制[104-108]。由于学术界对城镇化研究的不断深化，对城镇化动力机制的研究逐步涉及制度变迁层面[104]。四是比较利益动力机制[109-114]。傅崇兰（2003）认为由于农业人均劳动生产率相对于二、三产业而言偏低，这造成大量农村剩余劳动力向城镇迁移[109]。五是产业集聚的动力机制[115,117]。葛立成（2004）认为，产业集聚是城市化的基础，并以浙江的实践为例说明产业空间集中及农业人口向非农业人口的转移直接推动全省的城市化进程[115]。六是农业剩余的动力机制[118-124]。翟书斌和张全红（2009）认为，农业发展是城市化的原始动力，为城市化发展奠定基础[118]。

（4）新型城镇化相关研究

新型城镇化作为中国城镇化未来的发展趋势，对经济发展和社会的进步具有重大的促进作用，国内学者对此开展大量研究。一是新型城镇化的概念和内涵。甘露和马振涛（2012）认为，新型城镇化关注农民市民化和城镇化质量问题[125]。单卓然和黄亚平（2013）认为，新型城镇化主要包括民生性、可持续性等内容[126]。魏后凯（2013）提出新型城镇化应高度关注农民市民化[127]。二是新型城镇化的协调发展问题。耿明斋（2012）对新型城镇化引领新型工业化、信息化和农业现代化三化协调发展进行了研究[128]。魏人民（2013）认为，新型城镇化必须解决城乡发展失衡等问题[129]。这也需要处理好新型城镇化与城乡一体化发展的关系问题[130,131]。三是新型城镇化中的地方政府行为。吴江和王斌（2009）分析了地方政府在传统城镇化发展中的行为偏差[132]。刘嘉汉和罗蓉（2011）提出以发展权为核心的新型城镇化道路[133]。刘少华和夏悦瑶（2012）提出低碳的理念推进城镇化[134]。四是新型城镇化发展的财税政策。黄艳芬和陆俊（2013）对新型城镇化过程中的财税制度取向进行了探讨[135]。王正明和吕艾芳（2013）研究了促进我国新型城镇化健康发展的财税政策选择[136,137]。五是区域层面的新型城镇化研究。陈映（2010）分析了四川省新型城镇化发展现状和宏观背景并提出对策建议[138]。张占仓（2010）和王发曾（2010）分别以河南省和中原经济区为研究区域，研究了新型城镇化的发展战略[139,140]。当前新型城镇化研究成果为本研究课题奠定坚实、丰富的理论基础，是我们重点关注的话题。

1.2.1.3　国内外城镇化相关研究的特点

（1）研究视角的多元化

首先，由于城镇化的研究涉及很多领域，研究视角从一维走向多维，还没有形成统一的范式，研究内容由发育到成熟，再到提炼升华，使学科不断由低级走向高级。其次，纵观以往的研究成果，各个学科都从不同视角对城镇化的各个领域展开研究，包括人口迁移、土地转换、就业转换、社会空间转换、文化资源转换，以及制度与政策转换等一系列问题，每个视角都有很大的相似性，每个学科的研究特色都不太突出。因此，在未来研究过程中，每个学科都应该体现自己的学科优势，不能盲目跟风，必须突出研究特色。

（2）研究学科的交叉性强

最初城市化是在规划领域被提出，随着时代的不断进步，经济学、社会学、生态学、地理学等学科也开始关注城市化。经济学界关注城镇化是否带动经济的增长。地理学注重城镇化影响地域系统的改变，包括经济地域系统、生态地域系统、文化地域系统的产生和演变。社会学领域关注城市与乡村之间文化演变、城市内部地域文化的产生与发展。人口学领域着重于城乡之间人口流动、人口工作地点的转换，以及出生率、就业率和失业率对城镇化进程的影响。政治学领域主要研究城市人口流动与迁移政策、城市人口社会保障、医疗、教育等政策的制定等内容。在各个学科之间关于城镇化的研究有很强的交叉性，成为学科融合研究的桥梁和纽带。

（3）研究的方法较多

早期对于城镇化的分析方法主要是定性描述，通过实地观察和查阅历史文献，系统地分析城镇化的内涵。第二次世界大战以后，随着世界各国经济的加速发展，专家学者不再停留于定性描述，开始转向定量分析，包括城镇化率测算、城市规模和城市体系的测度等。近期，利用 GIS 技术，提取遥感卫星图片信息，分析城市地形地貌和面积的变化情况。城市化研究方法较多，但是各种研究方法没有发挥真正的效能。未来一定要创新研究方法，不能只停留于本学科的研究方法，应该吸纳各学科的研究方法，利用城市化学科交叉的优势，利用综合方法，展开案例剖析，达到解决问题的真正目的。

（4）研究方向面临很强的挑战性

目前，关于城镇化的研究具有很大的挑战性。一是在研究过程中由于受到统计数据资料和测度方法的制约，还没有公认的测度方法，早期使用的城市人口占总人口的比重已经不太实用，对城镇化水平评价标准尚未统一。二是关于城市化质量的测度方法、测度模型和指标体系的建立，尚无统一标准，导致测度结果差异性很大。为研究城镇化带来了很大的挑战。笔者认为，采用何种测度方法和评价标准不重要，重要的是根据测度结果和区域内城市化发展基本情况，分析其存在的问题是各位专家学者应该认清的问题。

（5）对以往研究的深刻反思

目前，关于城市化的研究涉及较多学科，城市化本身的学科优势没有体现出来，更没有成为一门独立的研究学科。笔者认为将城镇化不能再停留于各个学科里，应该作为一门独立的学科来建设。将城镇化研究理论进行系统地梳理，成为独立的学科体系，使其不断发展壮大。另外，在未来的研究道路上，城镇化理论建设与专业应用同样重要，应该把城镇化作为一门专业技术学科，结合统计、规划、Arcgis 空间分析技术、社会学调查方法、工程学、建筑学等多个学科领域，分析城镇化的发展过程、形成机理、现实诉求，最后落实到调控对策上，使其成为一个新型专业，为我国城市建设培养更多的高级人才。

1.2.2 土地健康利用相关研究进展

1.2.2.1 国外相关研究进展

20 世纪初期，国外学者曾预言全球生态环境即将恶化，并会对人类生存与发展产生危害。随着经济社会发展，人类活动严重威胁着生态环境，且影响尺度逐渐由区域向整个生物圈扩展。土壤退化、水体污染以及臭氧漏洞、有毒物质的生物富集等现象表明，地球生态系统正在遭受破坏，这对于人类社会可持续发展产生恶劣影响。学术界开始关注生态系统健康，对其展开了一系列研究。

20 世纪 40 年代，Leopoid 首次提出土地健康，并以"Land sickness"描述土地生态系统功能的紊乱（dysfunction）[141]。人类经济社会不断发展，科技水平日益提高，继而导致人类土地利用需求、强度不断增大，生态环境发生恶化，土地利用系统健康状况每况愈下，这便引起学者的广泛关注。

E. N. Chidumayo 通过对赞比亚北部以刀耕火种为主的传统迁移农业的研究，发现其对区域土地利用系统危害极大[142]。Dieter Prinz 等通过研究喀麦隆西部高地 Bamenda 地区的土地利用系统，最终建立了与当地资源环境、生态系统稳定和经济可行性高的土地使用制度[143]。Susana Ochoa-Gaona 利用两期历史数据对比分析了墨西哥 Huistan 地区和 Chanal 地区由于传统土地利用系统模式引发的森林破碎化现象[144]。Bui Dung The 对越南中央海岸地区的土地利用系统受侵蚀作用进行实地调研并提出了对地区发展有益的结论[145]。Brenda Parlee 等通过对加拿大北部的麦克弗森堡地区进行长时间实地调研发现当地居民对于土地资源健康的迫切关注，并联系到自身健康问题[146]。Fikret Berkes 等重新审视 Leopoid 的土地健康思想，认为土地健康的概念可以被视为一个集合土地、社会、生态三者的生产使用过程[147]。Maria Niedertscheider 等通过运用 Hanpp 框架对意大利 120 年期内的土地利用系统数据进行分析，发现其土地自然生产力发生了显著下降[148]。

近年来，随着温室效应的加剧，对于土地利用系统中的碳测定也正逐渐成为研究热点之一。Andres Arnalds 以冰岛为例进行实证研究，表明了碳封存方法对于扩大土地中的碳汇和丰富生物群、恢复土地健康水平、抵抗温室效应具有良好效果[149]。Nirmal Kuma 等人对印度西部 Aravally 山脉的不同土地利用系统下碳储量进行深入研究[150]。Vagen 等运用 GIS 和 RS 技术对肯尼亚的 Laikipia 牧场进行空间分类，并运用红外光谱法对土壤碳浓度进行测定，从而为土地管理提供依据[151]。

1.2.2.2 国内相关研究进展

国内对土地健康相关研究起步相对较晚，但是发展速度较快。研究广度和研究深度均有明显提升，从研究基础理论的日渐丰富、评价体系的构建、评价方法的选择及应用等，国内在土地利用系统及其健康研究领域取得了长足进步。目前国内学者将重点更多地放在了对土地利用系统及其健康水平的评价研究上，这对土地资源现状分析和指导地方土地资源合理利用具有重要意义。

20世纪末，国内学者刘永清将系统工程理论引入土地利用科学中，首次提出土地利用系统理论，指出土地利用系统是人类经济社会与自然生态环境复合而成的生态经济巨系统，而国外更多侧重于土地的自然属性[152]。梁勤欧运用复杂性科学研究揭示土地利用系统的特征及复杂性[153]。朱晓华等基于现代自组织理论探求了土地利用系统的自组织性，这对于促进土地利用系统的自我修复功能，统一协调管理研究提供了研究支撑[154]。班春峰基于协同学原理，将土地利用系统分解为经济、社会、生态三者的效益系统以及变化量子系统，并对其进行协调度分析[155]。刘沛等通过整理总结近10年土地利用系统评价研究领域成果，提出生产、社会、生态是构建土地利用系统评价体系的三个最重要因素[156]。文政兵运用灰色理论和协同学方法，在循环经济视角下完成了土地利用系统构成要素的确立，并以珠海市为例证明了这一土地利用系统要素的适用性和科学性[157]。

基于日渐丰富的土地利用系统理论，国内学者也对其进行探索，借鉴"土地健康""生态系统健康"和"土地生态系统健康"的概念，提出了"土地利用系统健康"，并开展了大量研究，研究成果呈现出以下特点：①研究内容综合化，包括基础理论探讨、评价体系构建、评价指标甄选、障碍因素诊断；②研究方法多样化，逐渐从定性分析、定量分析转向综合分析，土地健康位理论、PSR模型、集对分析模型、模糊综合评判法、物元分析法、三角模型、TOPSIS方法、寻踪投影模型、灰色关联模型等被应用于土地利用系统健康评价中；③研究对象多元化，包括基于全国、省、市、县等行政等级的研究，以及基于地类，包括城市用地、农用地（耕地）的研究。具有代表性的研究成果主要集中于以下方面：

2004 年，蔡为民等首次提出土地利用系统健康的概念，即以经济社会可持续发展为目标，土地利用系统其自身结构合理，功能能够得到正常发挥，同时其所产生的生态效益、社会经济效益能够满足对人类的需要。并据此提出了区域土地利用系统健康评价的"结构-功能-效益"框架，为土地利用系统健康领域的评价研究奠定了基础[158,159]。贺翔基于土地利用系统健康评价的"结构-功能-效益"框架，以上海市为例开展实证研究，定量分析和预测土地利用系统健康水平，并探究其影响因素[160]。郭杰等运用量化解释结构模型，以兰州市为例开展实证研究。另外，还构建了基于 PSR 模型的综合评价体系，同样以兰州为例开展实证[161,162]。郑华伟引入熵值法对四川省开展土地利用系统健康评价[163]。随着基础理论体系的完善以及综合评价体系和方法的丰富，卢新海等开始探究土地利用系统与经济发展的协调性，构建动态耦合模型探究而二者的关联性[164]。近年来，兰亭超、张悦、杨丹等人在 PSR 模型的基础上，运用协调度函数、障碍度模型等方法进行大量的土地利用系统健康定量分析，促进了该领域研究发展[165-168]。

另外，我国学者针对特殊气候和典型区域不同土地利用系统开展大量实证研究[169,172]。赵雨果等对我国特殊的消落带地形区进行土地利用系统结构的适宜性研究[173]。张小虎等以三角模型方法定量测度资源枯竭型城市的土地利用系统健康状况[174]。张文斌、段豪伟、姚岚、洪惠坤、李睿璞、高翔群等人分别针对特殊典型区域开展土地利用系统健康评价研究，包括西北干旱区、喀斯特地区、快速城镇化地区等，并提出了相应的土地利用对策[175-181]。刘宝涛等将 DPSIR 模型与 TOPSIS 算法以及灰色关联模型引入土地利用系统健康评价体系中，以吉林省 9 地市（州）为例开展了实证研究[182,183]。另外，刘宝涛等开展了吉林省经济发展与土地健康利用的综合研究，将动态耦合模型和静态耦合模型相结合，探究吉林省经济发展与土地健康利用系协调发展的演化趋势及特征，提出了相应的发展对策、建议[184]。

关于我国土地健康利用评价研究成果分类与分析。笔者在基于时间尺度充分搜集、挖掘国内土地健康利用相关的学术文献基础上，界定并拓展土地健康利用的理论含义，据此，总结、归纳目前我国土地健康利用研究的分类框架体系。

对于土地健康利用研究的分类框架体系，可以土地健康的内涵深度出发对其研究体系分类初步划分；然后，可基于研究区域城-乡区分的土地健康利用分类；可基于研究区域的行政区尺度、等级高低的土地健康利用分类；可基于不同土地利用类型的土地健康利用分类；可基于特殊区划范围的土地健康利用，如经济区、生态功能区、自然保护区、生态脆弱区等；可基于不同理论模型、研究方法的土地健康利用分类等。

从土地健康利用的内涵划分其研究文献来看，多数学者已经在其相关研究中体现了其对土地健康利用的广义与狭义的内涵认识，而且关于土地利用系统健康评价和土地利用系统生态健康评价这两个方面的学术成果比较丰富、均衡。未来研究中，有必要在清晰界定土地健康利用的内涵深度的基础上，分别针对土地利用系统健康评价和土地利用系统生态健康评价开展研究。

从研究区域的城乡地域区分划分来看，国内关于土地健康利用的研究更多关注于城市土地的健康研究及评价，其次是城乡融合视角的土地健康研究及评价，而对于农村地区土地健康利用研究成果相对较少。我国农村地区是土地利用的低效、弱势区域，未来研究中有必要更多地关注农村地区土地健康研究。

从研究区域的行政区尺度、等级高低划分来看，基于全国、省域、城市、县域及以下尺度的土地健康利用研究成果均有涉及，且基于全国尺度的土地健康利用研究关注较少，其原因可能与我国地域广阔，各地区自然环境条件、社会经济条件存在显著差异，难以选择统一的评价研究标准有关。目前来看，宏观区域的土地利用系统健康研究，的确存在一定的难度，主要集中于土地健康利用的指标体系及评价标准在各地区间较难实现完整统一。这也将是未来研究的难点和重点。

从土地利用类型划分来看，基于不同地类的土地健康利用研究鲜有报道，主要集中于农用地的土地健康研究及评价，而对于建设用地的土地健康利用至今未有报道，其原因可能与国内学者更多关注于城镇、城市的土地健康利用研究，在其中已有涉及关于研究区域建设用地系统的健康研究。然而，对于建设用地而言，是否有必要对其及以下的二、三级地类开展土地健康研究，以及如何开展具体研究，这都将是未来有待解决的问题。

从特殊功能区划范围划分来看，国内相关研究成果并不多见，主要有长株潭城市群的土地健康研究、鄱阳湖生态经济区的土地健康研究、煤炭资源枯竭型城市的土地健康研究等。未来研究中，有必要针对国家或地区战略下的城市群、生态经济区、资源-能源型城市以及生态脆弱区开展其土地利用系统的健康研究及评价。

从理论模型、研究方法划分来看，国内研究成果中，理论模型主要是"压力-状态-响应模型"和"结构-功能-效益模型"这两大基本理论体系，而研究方法并未形成统一、权威的共识，主要有 GIS 方法、物元分析法、投影寻踪模型等。

从土地健康利用的相关理论基础研究成果来看，对于土地健康的相关理论研究并不丰富，对于土地健康的理论体系研究较少，主要集中于在分析跟踪国际上有关土地健康研究进展的基础上，结合我国实际状况，分析探讨土地健康与土地利用各个方面的相关性、重要性及实践指导意义。针对国内土地健康理论基础体系研究的不足，今后有必要加强对土地健康的内涵、特征、机理、评价体系以及土地健康维护等方面的理论研究。

综上所述，我国土地健康利用研究的未来发展重点表现在以下几个方面：

首先，关于土地健康利用的理论体系欠缺，国内学者较少针对土地健康的基础理论展开研究，如土地健康的内涵、特征、机理、评价体系以及健康维护等方面的理论研究。未来土地健康利用研究中，有待加强土地健康利用理论体系的研究和探索。

其次，未来土地健康利用研究，有待加强农村土地的健康评价研究；基于不同地类的土地健康利用研究（如农用地、建设用地等）；基于经济、生态或资源等主导功能区划的土地健康利用研究（如城市群、生态经济区、生态脆弱区、自然保护区等）。

再次，从上文提出的相关研究成果的分类体系来看，划分的角度很多、范围很广，而且所划分的多数研究分类中，国内学者均有涉及，但是不论从哪一个角度划分，对于土地健康利用的研究始终没有离开"土地-土地健康-土地健康利用"的三大逻辑主题。目前来看，国内关于土地健康研究的第三个问题就是，缺乏一个有关土地健康利用研究的"理论-框架-方法"的标准范式。土地健康作为实现经济可持续发展、土地资源可持续利用的重要研究内容，有必要在充分挖掘土地利用系统的复合特征的前提下，开展土地健康利用的理论研究与实践运用，尽快搭建一个基于土地利用复合系统的土地健康利用研究思路及框架。

1.2.3 文献综合评述

纵观城镇化与土地利用相关研究，城镇化研究起步较早，自1980年第一篇关于中国城镇化的文章发表以来，不同学科的学者从不同角度就城镇化问题进行研究探讨。但是，关于城镇化与土地利用的综合研究相对起步较晚，国内最初见于20世纪90年代，对城镇化与土地利用、管理问题进行了初步探讨，得出一些有价值的结论，为后续研究奠定了基础。21世纪以来，随着城镇化进程的加快，自然资源约束以及生态环境恶化日渐凸显，城镇化与土地利用的综合研究逐渐受到政府部门和专家学者的广泛、高度关注。

从研究区域来看，基于全国、省域、市域行政等级的研究均有涉及，另外还有关于长江经济带、西北民族地区、武汉城市群等城市带、城市群、城市圈为典型研究，且多以中、东部发达地区和西部地区为研究案例区，目前对于东北地区开展长序列的纵向时序、多年期的横向截面的复合研究鲜有报道。从研究内容来看，以往研究多侧重于当前城市土地利用的突出问题，主要集中在城镇化发展与土地集约利用、土地利用效益、土地利用效率、土地安全、土地生态系统、农地非农化等方面。另外，城镇化过程中的土地财政、土地流转、土地征收、耕地保护等问题也得到了学界的广泛关注并取得丰硕的成果。除此之外，部分学者将人口、土地、经济等城镇化要素关联，研究城镇化要素间的相互协调发展关系。当前研究成果对研究、揭示城镇化与土地利用的相互关系做出了重要贡献。但多将土地作为城镇化发展的物质基础要素或拓展承载空间，研究其与城镇化的相互关系，较少关注城镇化进程中区域土地利用系统健康评价、诊断（蔡为民等，2004；郭杰等，2011；郑华伟，张锐，杨兴典，2012），以及两大系统间的相互关系（刘宝涛等，2016）。由于城镇化进程是局域渐进式的，对土地利用系统的影响是全域的，城镇化发展为人类社会经济带来发展红利的同时，又会对区域土地利用系统带来负面胁迫，城镇化进程中的明显成效和突出问题均可反映在土地利用系统健康状况中。但至今尚缺结构完整、逻辑清晰的新型城镇化系统与土地利用系统的综合研究框架，当前文献中关于城镇化发展与土地健康利用的交互作用、协调发展研究尚显不足。

城镇化是衡量经济社会发展程度与发展水平的重要指标。土地作为城镇化发展的空间载体，对城镇化作用不断增加，与城镇化发展关系日益密切，而且涉及国家粮食安全和社会稳定。随着城镇化进程加快，城镇化发展为人类经济社会带来发展福利的同时，又会对人地系统带来负面胁迫，为城乡地域系统带来许多矛盾和问题，如城镇化发展中，城市病-"大饼症"与乡村病-"空心村"等现象。严重的是，快速城镇化所带来的城市空间规模扩张在一段时间里还会继续存在，并对区域土地利用系统造成巨大压力。

综上所述，目前城镇化与土地利用相关研究急需解决以下几个方面的不足：①尚未建立系统完整、逻辑结构清晰的新型城镇化系统与土地利用系统综合研究框架。②对于城镇化与土地利用相关研究，多将土地视为城镇化的要素投入、空间扩展，缺乏全面、深层次的土地利用系统观。③尚无学者对东北地区的城镇化与土地利用进行综合实证研究。

1.3 研究思路及框架

1.3.1 主要研究内容

本书是针对新型城镇化与土地健康利用协调发展关系的研究。本书通过对城镇化与土地利用相关研究成果进行梳理、总结和评述，阐述新型城镇化与土地健康利用的核心内涵和基础理论，并对其影响因素及相互作用关系进行理论探讨，以"新型城镇化测度-土地健康利用测度-新型城镇化与土地健康利用协调发展关系测度"为研究思路，以吉林省为例，分别测度吉林省新型城镇化与土地健康利用时空演化特征，揭示两系统协调发展关系，确定协调发展类型，据此提出未来区域发展路径。主要包括以下内容：

（1）新型城镇化与土地健康利用的影响因素及其相互作用关系

从国家政策、区位条件、经济基础、社会基础、文化基础等方面探究影响新型城镇化的具体因素；从人口综合影响、资源环境禀赋、经济发展基础、国家政策法规、科技管理技术等方面探讨土地健康利用的影响因素；定性分析新型城镇化与土地健康利用的相互影响、相互作用关系。

（2）吉林省新型城镇化与土地健康利用水平及其时空演变特征

根据新型城镇化发展目标对城镇化的要求，结合《国家新型城镇化规划（2014—2020）》《吉林省新型城镇化规划（2014—2020）》，并参考相关研究成果，从以人为本、统筹城乡、集约高效、生态文明、文化传承 5 个方面，分别构建吉林省及 9 地市（州）新型城镇化综合评价体系；同时从土地健康利用内涵出发，基于土地利用系统的"压力-状态-响应"框架模型，分别构建吉林省及 9 地市（州）土地健康利用综合评价体系；测度 2000—2014 年吉林省、长春市的新型城镇化综合指数、土地健康利用综合指数，2000 年、2007 年、2014 年 9 地市（州）的新型城镇化综合指数、土地健康利用综合指数，重点分析 2000 年以来吉林省新型城镇化与土地健康利用的时空格局及演变特征。

（3）新型城镇化与土地健康利用协调发展关系

首先，运用灰色关联度方法测算吉林省省域、市域的纵向时序和横向截面的新型城镇化与土地健康利用灰色关联系数，确定两系统相互影响、相互作用的关联程度；其次，引入动态耦合度模型和耦合协调度模型测度吉林省新型城镇化与土地健康利用协调发展关系，分析其时空演变特征与影响因素。

（4）新型城镇化与土地健康利用的协调发展类型与发展路径

根据吉林省新型城镇化与土地健康利用协调发展关系的测度结果，将协调发展关系划分为城镇化发展滞后型和土地健康利用滞后型两个基本类型，并据此提出"城镇化推动主导调控型"和"土地健康提升主导调控型"两种区域发展路径，为国家和地区新型城镇化与土地健康利用协调发展提供辅助决策支持。

1.3.2　研究方法

综合运用管理学、地理学、规划学和社会科学的相关理论与方法，进行多学科的交叉研究；采用规范分析与实证分析相结合的科学研究范式；注重数学模型方法和空间分析的应用。主要研究方法有：

（1）规范分析与实证分析方法

运用规范分析方法，阐述新型城镇化与土地健康利用的相关基础内涵和基础理论，并探讨新型城镇化与土地健康利用的影响因素及其相互作用关系，在此基础上，分别构建新型城镇化与土地健康利用的综合评价体系；运用实证分析方法，测度、分析2000—2014年吉林省、长春市新型城镇化和土地健康利用动态时序演变特征，测度、分析2000年、2007年、2014年吉林省9地市（州）新型城镇化和土地健康利用时空格局演变及空间分异特征。

（2）文献查阅分析法

本书主要通过查阅 CNKI、图书期刊等数据资料库，全面、广泛搜集国内外关于城镇化、新型城镇化、土地利用、土地健康利用、协调发展等方面的书籍、报刊及文献资料，总结、归纳、评述现阶段城镇化与土地利用的相关研究进展，梳理城镇化与土地利用的相关基础内涵，系统阐述新型城镇化与土地健康利用研究的基础理论，探究城新型镇化与土地健康利用的影响因素及其相互作用关系，在此基础上，参考统计学、空间计量学、运筹学等方面的技术方法，综合运用土地经济学、发展经济学、空间经济学、土地资源管理等方面的理论，设计本书的研究思路和分析框架。

（3）定性分析与定量分析方法

定性分析是说明经济现象的性质及其内在规定性与规律性。运用定性分析的方法对新型城镇化与土地健康利用的影响因素及其相互作用关系进行分析。研究使用的主要定量方法有：

信息熵值法和加权综合指数和法。采用信息熵值法分别确定各系统中评价指标的权重，运用加权综合指数和法测算吉林省新型城镇化综合指数、土地健康利用合指数。

灰色关联度分析法。运用灰色关联度分析法分别探究新型城镇化与土地健康利用与其各自评价指标的灰色关联系数，确定主要的关联因子。探究吉林省新型城镇化与土地健康利用相互影响、相互作用的关联程度。

动态耦合度模型、耦合协调度模型。引入动态耦合度模型、耦合协调度模型，测度吉林省新型城镇化与土地健康利用的协调发展关系，并确定分类标准，划分新型城镇化与土地健康利用协调发展关系的具体类型，依此制定差别化的区域发展路径。

（4）基于 GIS 的空间分析和数理统计方法

运用 GIS 技术，将吉林省 9 地市（州）新型城镇化与土地健康利用的综合指数进行可视化处理，并对吉林省新型城镇化与土地健康利用综合指数、子系统指数进行数理统计分析，最终实现吉林省新型城镇化与土地健康利用时空格局演变与空间分异特征研究。

（5）系统分析法

本书将新型城镇化与土地健康利用视为两个相互影响、相互作用、相对独立的系统，研究分析两系统的互动作用、相互关系，揭示两系统协调发展的时空演化特征，这必须借助于系统分析法。

1.3.3　技术路线

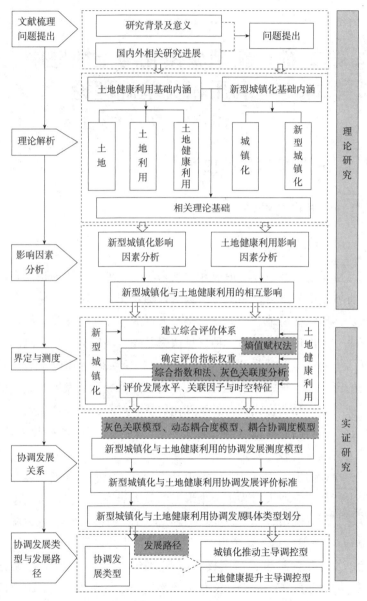

图 1-2 技术路线

第2章 新型城镇化与土地健康利用相关基础理论

2.1 新型城镇化的内涵

2.1.1 城市与城镇

（1）城市的定义和特点

从城镇（城市）的形成和发展来看，一种意见认为是先有市后有城，市是进行产品交易的场所，随着交易范围、交易频率的增加，导致交易地点的固化、交易人群的专业化，交易人群定居下来，才出现了城。另一种意见认为是先有城后有市，中国的古汉语里面"城"就是"都"，城是一个国家和区域政治中心。中国的历史上，很多城市都是从城来的。随着经济的发展，城市进行交易的产品、方式都在发生变化，从农产品、工业产品到第三产业产品。因此城镇也就随着交易产品的变化而呈现兴衰更替。美国的底特律破产就是一个典型案例。

现在的主流观点认为，城市是指具有一定人口规模、以非农业生产和非农业人口为主集聚形成的较大居民点（包括按国家行政建制设立的市、镇）。通常来说，人口较稠密的地区称为城市（city），一般包括了住宅区、工业区和商业区，具备行政管辖功能以及医院、学校、写字楼、商业卖场、广场、公园等公共设施。城市是经济、社会、文化、政治中心，是现代文明和综合国力的体现。

根据城镇总人口规模数量，城市可以划分为 5 级城镇体系，即巨大型城市、特大城市、大城市、中等城市和小城市。根据《中小城市绿皮书》，2010 年我国城市体系划分的标准为：市区中心城区常住非农业人口（含户籍人口和居住满 9 个月以上人口）50 万人以下的为小城市，50 万～100 万人的为中等城市，100 万～300 万人的为大城市，300 万～1 000 万人的为特大城市，1 000 万人以上的为巨大型城市。

另外，根据城市经济、政治和文化等对外辐射半径和影响力，可以分为国际性大都市、全国性中心城市、区域性中心城市、地方小城市或中心小城镇。

1915 年苏格兰城市规划师格迪斯首次提出国际性大都市概念，国际性大都市一般是国际贸易中心、政治权力中心或文化中心、国家金融中心和人才集聚中心，对世界其他地区和城市具有辐射、带动和控制的城市。如纽约、伦敦、香港、巴黎、东京。

全国性中心城市是指在一个国家范围内跨行政区域且是该区域内的中心城市，这些城市一般具备在政治、经济、文化等方面具有引领、辐射、集散功能。如我国的北京、上海、天津、广州等城市。

区域性中心城市是指在一个经济圈内且是该经济圈内的中心城市，发挥在区域和省域经济社会发展中的服务、辐射和带动作用。如青岛、宁波、西安、郑州、武汉等城市。

地方小城市或中心小城镇是指服务于县域及周边农村地区，是该区域内的行政、工业、商贸、文化中心，地方小城市或中心城镇作为吸纳农村劳动力转移的主要场所，承担着为周边区域中心城市提供产业配套和服务。

我国城市同农村相比，其特点主要有：

一是城市是人类居住地的一种形态。即城市是在一定范围内多数人类集中生活的高密度地区，人口密度较农村地区高。

二是在产业结构上，城市的主要生产部门是非农业部门（二、三产业）。

三是从社会角度看，城市是不同种类（职业、价值观、信念、宗教等）人群的聚集地。城市市民的生活方式比起农村人更受专门性、阶层性、迅速性、制度性等社会组织的约束，因此城市生活样式具有一种组织化的共同体性质。

四是城市现象同其他现象一样是发生在地表的一定空间上的区域现象。

（2）城镇的定义和特点

一般而言，城镇包括城市和集镇，是以非农业人口为主，具有一定规模工商业的居民点。但是本书中的镇的概念是特指与大中小城市相区别的小城镇。小城镇的特点是小的或者较小的城镇。这种中国特有的小城镇，介于城乡之间，地位特殊。这就是中国特色的城镇化的一个重要特点。

1993 年，《村庄和集镇规划建设管理条例》对集镇提出了明确界定："集镇是指乡、民族乡人民政府所在地和经县级人民政府确认由集市发展而成的作为农村一定区域经济、文化和生活服务中心的非建制镇"。因而集镇是农村中工农结合、城乡结合，有利生产、方便生活的社会和生产活动中心，是今后我国农村城市化的重点。小城镇人口一般为 6 000～50 000。后来发布的《村庄和集镇规划建设管理条例》，均沿用了这些规定。

小城镇的主要特点有：

一是城镇在产业上主要以非农产业为主，而乡村以农业生产为主。

二是城镇的人口密度一般较大，而乡村的人口密度较小。

三是城镇的建筑密度较大，而农村的建筑密度较小。

四是城镇的市政设施和公共设施较为齐全，而农村的市政设施和公共设施较为落后。

五是城镇在功能上一般是一定地域的政治、经济、文化的中心，而农村仅仅是一个地域的农产品供给中心。

2.1.2　城镇化

对于城镇化的定义，目前各学科尚无统一的认识，主要围绕城镇化的特征、城镇化的动力因素解析及城镇化的发展后果三个方面展开论述。从经济学角度来看，城镇化多指城镇经济的快速发展，非农产值比重增加，自然经济向社会化大生产转变等，以二、三产业向城镇集中为主要特征，带来要素集聚的发展后果。从社会学角度来看，城镇化是指农式生活向城市生活方式转变，以社会结构变化为主要动力，最终形成市民社会。从人口学角度来看，城镇化则是指农村人口向城市的空间转移，以人口大规模的迁移为主要动力，形成城镇规模扩大、人口数量递增的格局。从地理学角度来看，城镇化是指农村向城镇转变，以生产力空间布局转换为动力，从而达到消除城乡二元结构体制的发展目标。

国外学者对城镇化的研究多倾向于农村人口向城镇的空间转移和城镇人口不断增加的过程，或者理解为城镇化不单单是前两个问题的合成，也应包括经济和社会等多方面的内涵（孔凡文和许世卫，2005）[185-187]。国内学者饶会林（1999）、李树琼（2002）、成德宁（2004）等分别对城镇化的定义做了说明，多强调人口在城镇空间上的集聚、变农村人口为城市人口的过程、城镇规模逐步扩大并对周边区域产生扩散效应等内容[188]。综合来看，城镇化可以定义为农村人口和要素资源不断向城镇集聚所带来的产业结构不断优化升级、生产方式、生活方式及社会观念由农式向城市转变的历史过程[189]。

2.1.3 新型城镇化

(1) 定义

"新型城镇化"一词在我国"CNKI"检索可知,最早出现在 2008 年。现有定义基本上是将人、经济、社会、环境、城乡一体化向良好状态的动态演进过程视为新型城镇化定义的要义。如,胡际权指出[125],所谓的新型城镇化,是体现以人为本、全面协调可持续发展的科学理念、以发展集约型经济与构建和谐社会为目标、以市场机制为主导、大中小城市规模适度、布局合理、结构协调、网络体系完善,与新型工业化、信息化和农业现代化互动、产业支撑力强、就业机会充分、生态环境优美、城乡一体的城镇化发展道路。笔者以为,从语义角度而言,"新型城镇化"应明显具有与"传统城镇化"相异的"新"元素,并体现在过程、价值观、理念、手段等方面。

所谓新型城镇化,是指坚持以人为本,以新型工业化为动力,以统筹兼顾为原则,推动城市现代化、城市集群化、城市生态化、农村城镇化,全面提升城镇化质量和水平,走科学发展、集约高效、功能完善、环境友好、社会和谐、个性鲜明、城乡一体、大中小城市和小城镇协调发展的城镇化建设路子。新型城镇化的"新"就是要由过去片面注重追求城市规模扩大、空间扩张,改变为以提升城市的文化、公共服务等内涵为中心,真正使我们的城镇成为具有较高品质的适宜人居之所。城镇化的核心是农村人口转移到城镇,完成农民到市民的转变,而不是建高楼、建广场。农村人口转移不出来,不仅农业的规模效益出不来,扩大内需也无法实现。

（2）内涵

新型城镇化内涵的"新"体现在：①价值取向。是"以人为本"、以社会公正为价值导向，以全面、协调、可持续、和谐发展和促进人的发展为宗旨。②发展目标。新型城镇化是使城乡民生得到保障和改善、人民幸福指数不断提升、安居乐业的城镇化。③运作程序。是将政府的自觉能动性与市场机制有机结合的城镇化。④城—乡关系。新型城镇化是城、乡两个系统在经济、科技、社会、人口、资源、环境、空间等诸多基本要素协调发展、优化组合、共生共荣的过程。此外，还可以从哲学、经济、社会、生态、制度、效益和空间等方面认识新型城镇化的内涵[125]。

（3）特征

新型城镇化最基本的目标之一是解决传统城镇化所存在的弊病与问题，这构成了其特征的基本内容。从对城乡居民的态度、城镇化要素关系处理准则、评价衡量路径、发展转化特征、发展导向、自身状态等方面笔者归纳出新型城镇化的如下特点：①以人为本。新型城镇化根本目的之一在于促进人的发展，让更多城乡居民享受现代文明生活方式，促进社会和谐进步。十八大报告指出："有序推进农业转移人口市民化"。一定程度上说明了对农村人口的特别关注，使以人为本做到了"城乡全覆盖"[126]。②广泛协调性。包括在人口、用地、经济规模，空间布局，职能及产业，环境与社会，以及政策区域发展协调等。③城乡统筹性。指新型城镇化在经济、社会、生态环境等方面实现全方位的城乡统筹。《2012 年中国新型城市化报告》对新型城镇化发展水平的评价以"城乡发展动力系统""城乡发展质量系统""城乡发展公平系统"作为贯穿性的结构，一定程度上说明了城乡统筹切人的新角度[126]。④转化性。是体现新型城镇化"过程性"的重要方面。包括由"重城轻乡""城乡分治""城市优先发展"转变为城乡互补协调及一体化发展，由高能耗和高资源消耗的城镇化转变为低能耗、低资源消耗的城镇化，由数量增长型转变为质量提高型，由高环境冲击型转变为低环境冲击型，由少数人先富的城镇化转变为社会和谐的城镇化[126]。⑤导向综合性。人类社会经济战略、行为可能的导向包括问题导向、目标导向、竞争力导向等。新型城镇化发展导向应是综合导向，既解决传统城镇化存在的问题，又实现城镇化和人居环境健康、持续发展的目标，同时还广泛提升中国的整体竞争力。⑥健康性。指新型城镇化在生态环境角度应有良好的生态安全（格局和生境质量），在生命周期角度应具有生长性，在生命质量角度应具有健全性和旺盛的生命力，在功能运行角度应有循环性、协调性和稳定性，在发展方式角度上注重全过程健康而非某阶段或短期的健康。总体而言，新型城镇化的健康性应由发展环境、发展质量、发展的可持续性等予以表征。

（4）本质

新型城镇化与传统城镇化的最大不同，在于新型城镇化是以人为核心的城镇化，注重保护农民利益，与农业现代化相辅相成。新型城镇化不是简单的城市人口比例增加和规模扩张，而是强调在产业支撑、人居环境、社会保障、生活方式等方面实现由"乡"到"城"的转变，实现城乡统筹和可持续发展，最终实现"人的无差别发展"[126]。

（5）意义

新型城镇化，是对传统城镇化道路的反思，是科学发展观指导下的必然选择，是经济社会转型的必然要求，是我国实现现代化的必然途径。推进新型城镇化战略，就是重视城镇化的综合效应和多元目标，通过正确处理城镇化过程中的各种关系和问题，破解我国经济社会发展中的一系列难题，促进经济社会的全面、协调与可持续发展。

第一，通过新型城镇化，扩大内部需求，推动经济发展。

从改革开放后经济发展的历史来看，中国经济的腾飞是在内部投资和需求不足的情况下，依靠出口和外商直接投资来启动的。改革开放所确定的外向型发展战略，实际起到了引领经济发展和社会变革的重要作用。这些年来，中国经济增长始终依赖于出口和投资，而内需则相对不足。随着经济发展形势的变化，特别是国际金融危机后，国际需求不振，而且中国出口总额排名已是世界第一，持续大幅增长的可能性不大。单纯依靠外向型经济和投资推动中国经济增长已经不现实。在这种情况下，内部需求不足、产能过剩的矛盾已日益暴露出来，成为当前中国经济必须解决的核心问题。

如何扩大内部需求，使经济增长的内生动力更充足，是今后保持我国经济社会较快发展的关键。而城镇化是内需最大的潜力所在，可以为经济发展创造巨大的社会需求，摆脱对出口和投资的过度依赖。从这个意义上说，当前城镇化是经济发展最重要的增长源泉，将在未来经济发展战略中起到支撑和引领作用。推进新型城镇化，将拉动投资和消费，启动中国最大的内需。

推进新型城镇化，可有效拉动投资需求。城镇化建设能够扩大投资需求，带动城镇住宅、道路、通信、水、电、气、热、环保等市政基础设施建设和教育、医疗、文化、娱乐、社区服务等公共服务设施的投入，直接拉动一系列相关产业的发展。此外，人口的聚集、城镇规模的扩大，还将产生新的社会需求，推动各类服务业发展。据有关统计，城镇化能拉动 47 个大类 117 个小类的产业发展。

推进新型城镇化，可加快提升消费需求。一是城镇化可以创造大量就业机会，增加城乡居民收入，提高社会消费水平。一方面，农村剩余劳动力从农村转移到城镇，主要从事二、三产业，收入水平将远高于单纯从事农业的收入；另一方面，农村剩余劳动力的转移为农业规模化经营提供了条件，可以提高农业劳动力的平均收入。同时，城镇人口的增加，生产、消费规模的扩大，也将提高原有城镇居民的收入。城乡居民收入的提高，自然将激发潜在的消费需求。二是农村居民向城镇转移，一方面将扩大城镇消费群体，另一方面也将提升消费层次，有效扩大城镇社会消费规模。农村居民转变为城镇居民，自然地将改变半自给自足的消费状况，增加对衣食住行等各方面的消费需求，同时消费观念的变化也将刺激居民消费的提升。

由此可见，城镇化蕴藏着规模巨大的社会需求，是扩大内需、促进经济增长的动力源泉。推进新型城镇化战略，能使中国经济仍将保持至少 20 年的增长活力。这也是中国经济持续健康发展的路径选择。

第二，通过新型城镇化，增强城乡互动，促进共同发展。

从我国发展的现实国情来看，长久以来形成的城乡二元结构、"三农"问题是制约我国实现现代化的最大障碍，也是影响城乡协调的突出问题。传统城镇化就城市论城市，加剧了城乡对立，而要从根本上改变城乡分割的发展状况，就必须通过城乡统筹的新型城镇化，打破影响城乡协调发展的体制机制障碍，建立新型城乡关系。

通过新型城镇化，打破城乡二元体制。新型城镇化强调城乡关系的协调，要求营造城乡平等的制度环境。国内外的历史经验表明，城市偏向的发展体制会加剧城乡二元结构，不利于经济的持续发展和社会的和谐进步，甚至会导致经济的停滞和社会的动荡。通过推进新型城镇化，才有可能破除城乡二元体制、建立城乡统筹发展的体制机制，真正实现"工业反哺农业、城市支持农村"。

通过新型城镇化，促进城乡要素合理流动。新型城镇化强调市场主导与政府引导相结合，促进城乡资源的合理开发，加快资金、劳动力、信息、技术、人才等生产要素自由流动，使城乡经济活动更加合理，形成体系合理的城乡空间结构，实现城乡良性互动和协调发展。

通过新型城镇化，实现城乡基本公共服务均等化。新型城镇化要求突破城乡之间投资及管理体制的界限，促进城市基础设施向农村延伸、城市公共服务向农村覆盖、城市现代文明向农村辐射。

第三，通过新型城镇化，转变发展方式，调整经济结构。

新型城镇化是经济社会转型的重要内容，是转变经济发展方式的重要体现。与粗放型的传统城镇化相比，新型城镇化要求转变城镇建设和发展模式，在扩大城镇规模的同时，不断提升城镇化的质量和内涵。因此，新型城镇化更加强调集约发展，要求资源高效配置、集约利用，提高土地、水、能源等资源利用效率，减轻城镇建设和经济发展过程中资源、环境的压力，实现节约资源、保护环境的目的。而这必须与产业结构的优化调整同步推进，与农业现代化、新型工业化和现代服务业互为基础、相互促进。没有新型城镇化的指引和支撑，现代农业和服务业就缺乏必要的条件和市场，工业结构的调整与优化升级也会缺乏必要的推动力。新型城镇化对经济转型、结构调整具有重要的促进作用。

新型城镇化的推进，将助推新型工业化的发展。按照城镇化的发展规律，工业化与城镇化是互为支撑、互相促进的。推进新型城镇化，也将促进新型工业化的发展。一方面，新型城镇化要求城市所具备的集约高效、结构合理、设施齐全、功能完善等优势条件，将为新型工业化的发展提供支撑。另一方面，以集约发展为特征的新型城镇化对城市经济发展提出了集约利用资源、保护生态环境的约束性要求，形成工业必须采取集约、高效和环境友好型发展方式的"倒逼机制"，推动工业发展的转型和优化升级。

新型城镇化的推进，将促进农业现代化的发展。首先，新型城镇化要求加快进城农民的市民化进程，使农村剩余劳动力摆脱对土地的依附，这将有利于农村土地的大规模流转，推动农业的规模化、产业化经营，改变农业生产方式，为农业现代化的推进提供必要条件。其次，新型城镇化有助于产生和释放各类社会需求，加快现代农业生活、生态、旅游、文化功能的开发[127]，发展与二、三产业融合发展的现代特色高效农业。

第四，通过新型城镇化，破解发展难题，实现协调发展。

将推进新型城镇化作为经济社会发展的战略重点，既是新型城镇化内涵和作用使然，也是中国现实发展的需要。首先，新型城镇化涉及经济社会发展的方方面面，当前经济社会的多数热点和难点问题，如"三农"问题、征地拆迁问题、农民工市民化问题、房价问题、城市拥堵和公共服务不足问题等，都与城镇化的发展质量有直接或间接的关系。其次，新型城镇化涉及发展观念的转变和经济社会发展的转型，可以在推进新型城镇化过程中，调整经济社会发展中的各种关系，如城乡关系、工农关系、工业化与城镇化的关系以及经济增长、城镇发展与资源环境的关系等，解决传统城镇化模式中难以克服的各种矛盾和问题。推进新型城镇化，具有很强的综合效应。从中国的国情和发展任务来看，新型城镇化是解决中国发展所遇到的一系列矛盾的关键。其一，目前中国的城乡差距大、"三农"问题突出。破除城乡二元结构、解决"三农"问题的重任，只有通过以统筹城乡为基本特征的新型城镇化才可能实现。其二，中国人均资源量少，人地关系紧张，粮食安全和农业发展的任务艰巨，必须解决工业化、城镇化与耕地占用和农业生产的矛盾。其根本出路在于集约型的城镇化道路。其三，经济发展的结构性问题突出。产业结构优化升级和现代服务业的发展需要新型城镇化为其提供相应的载体和市场空间，经济发展方式转变、经济增长质量提升需要新型城镇化的推动。

著名城市生态专家、中国科学院生态环境研究中心研究员王如松院士：李克强总理曾经指出，城镇化不是简单的城市人口比例增加和面积扩张，而是要在产业支撑、人居环境、社会保障、生活方式等方面实现由"乡"到"城"的转变。新型城镇化的"新"，是指观念更新、体制革新、技术创新和文化复新，是新型工业化、区域城镇化、社会信息化和农业现代化的生态发育过程。"型"指转型，包括产业经济、城市交通、建设用地等方面的转型，环境保护也要从末端治理向"污染防治—清洁生产—生态产业—生态基础设施—生态政区"五同步的生态文明建设转型。

集约、智能、绿色、低碳，应该贯彻到城镇化的生态文明过程与行动上，首先要改变的是人的观念、体制和行为。强化城市和区域生态规划，处理好城市建设中眼前和长远、局部和整体、效率与公平、分割与整合的生态关系，强化和完善生态物业管理、生态占用补偿、生态绩效问责、战略环境影响评价、生态控制性详规等法规政策。

推进产业生态的转型。城镇化的核心是将农民变成产业工人，这需要以城市带农村、工业融农业、公司带农户、生产促生态。要在弄清资源和市场、机会和风险的前提下策划、规划、孵化新兴园区、新兴产业、新型社区和新型城镇，将传统的招商引资模式改变为招贤引智模式。

注重生态基础设施和宜居生态工程建设。比如汽车交通将转向生态交通，以最小的化石能源消耗和物流，实现城市流通功能的便利通达；将耗能建筑变为产能建筑；通过地表软化、屋顶绿化、下沉式绿地等生态工程措施，实现对生态占用的补偿，使建设用地兼有生态用地的功能。

集约、智能、绿色、低碳的生态方法和技术包括如下方面：生态集约，包括生态资源、生产关系和经营方式的集约。特别是土地、水、生物资源的集约规划、集约建设和集约管理。要发展紧凑型城市，推进适度规模的城镇化。城市人口密度要控制在每公顷 100 人左右。生态大智，在城市发展中，特别需要将传统技术方法和聪明才智融入规划、建设与管理中。低碳循环，化石能源的清洁、高效、生态利用，可再生能源合理开发、有机替代，以及资源循环再生等。绿韵红脉融合，推进生产高效循环、生活幸福低碳、生态绿色和谐的可持续发展。

（6）目标

城镇化水平和质量稳步提升。城镇化健康有序发展，常住人口城镇化率达到 60% 左右，户籍人口城镇化率达到 45% 左右，户籍人口城镇化率与常住人口城镇化率差距缩小 2 个百分点左右，努力实现 1 亿左右农业转移人口和其他常住人口在城镇落户。

城镇化格局更加优化。"两横三纵"为主体的城镇化战略格局基本形成，城市群集聚经济、人口能力明显增强，东部地区城市群一体化水平和国际竞争力明显提高，中西部地区城市群成为推动区域协调发展的新的重要增长极。城市规模结构更加完善，中心城市辐射带动作用更加突出，中小城市数量增加，小城镇服务功能增强。

城市发展模式科学合理。密度较高、功能混用和公交导向的集约紧凑型开发模式成为主导，人均城市建设用地严格控制在

100 平方米以内，建成区人口密度逐步提高。绿色生产、绿色消费成为城市经济生活的主流，节能节水产品、再生利用产品和绿色建筑比例大幅提高。城市地下管网覆盖率明显提高。

城市生活和谐宜人。稳步推进义务教育、就业服务、基本养老、基本医疗卫生、保障性住房等城镇基本公共服务覆盖全部常住人口，基础设施和公共服务设施更加完善，消费环境更加便利，生态环境明显改善，空气质量逐步好转，饮用水安全得到保障。自然景观和文化特色得到有效保护，城市发展个性化，城市管理人性化、智能化。

城镇化体制机制不断完善。户籍管理、土地管理、社会保障、财税金融、行政管理、生态环境等制度改革取得重大进展，阻碍城镇化健康发展的体制机制障碍基本消除。

新型城镇化战略是在我国进入全面建设小康社会的决定性阶段和经济转型升级、加快推进社会主义现代化的重要时期，对我国城镇化的现状、准确研判城镇化未来发展趋势、特点以及挑战的基础上提出的，新型城镇化是在城镇化概念的基础进一步拓展的，但其在实施内容、既定目标及实现方式上都有别于传统城镇化。由于各领域研究的侧重点不同，关于新型城镇化也并未形成统一的定义。张荣寰在其《生态文明论》中定义新型城镇化是以人为本，以新型工业化为动力，以统筹兼顾为原则，推动城市现代化、城市集群化、城市生态化、农村城镇化，全面提升城镇化质量和水平，是科学发展、集约高效、功能完善、环境友好、社会和谐、个性鲜明、城乡一体、大中小城市和小城镇协调发展的城镇化[125-127]。2012 年中央经济工作会议指出新型城镇化是集约、智能、绿色、低碳的城镇化。《国家新型城镇化规划（2014—2020 年）》中将新型城镇化概括为以人为本、四化同步、优化布局、生态文明、文化传承的城镇化。并提出新型城镇化的原则为以人为本，公平共享、四化同步，统筹城乡、优化布局，集约高效、生态文明，绿色低碳、文化传承，彰显特色、市场主导，政府引导、统筹规划，分类指导。

综上所述，新型城镇化是我国在新的发展时期对城镇化的新的理解，也是对传统城镇化模式的扬弃和发展。是坚持以人为本，依托新型工业化，以科学发展观为指导思想，以统筹兼顾为发展原则，以科技创新为发展动力，以经济平稳高效、社会安定和谐、环境清洁友好、资源节约集约为目标，实现城乡一体、互促共进，大中小城市及小城镇协调发展的可持续的城镇化。其本质在于不断提升城镇化建设的质量和内涵[128-130]。

2.1.4 传统城镇化与新型城镇化的内涵对比

城镇化是人类进步和经济社会发展的重要动力，世界各国都很关注城镇化发展。改革开放以来，我国的城镇化获得了前所未有的发展，到 2011 年城镇化率已经达到 51.3％，城市人口数量已经超过农村人口数量，中国已经正式进入城市型国家行列。同时，目前中国正在进行的城镇化是世界城镇化历史上规模最为宏大、背景最为复杂、受益人口最多、问题也最为突出的城镇化。根据弗里德曼对城镇化过程的划分，非城镇景观向城镇景观的地域推进过程即是城镇化Ⅰ阶段，中华人民共和国成立以来我国初步实现了人口和非农产业在城镇的集聚，城镇化的主要目标是扩大规模，符合弗里德曼所说的城镇化Ⅰ阶段。传统城镇化模式主要体现为粗放扩张型，在工业化推动下城镇人口规模的迅速增长、城镇空间无序膨胀、资源大量消耗、城镇环境显著恶化，这种只重规模的发展模式导致的各种城市问题开始出现并大有加剧趋势。为了解决这些问题，并促进城镇化的健康快速发展，未来城镇化的主要任务已经转变为提高质量和优化结构的阶段，未来城镇化模式则需要的是社会和谐、资源节约、经济高效、环境友好、城乡互促共进、个性鲜明的城镇化；城镇化的目标应该调整为"适度的城镇化增速""投资环境的改善"和"人居环境质量的提升"。要解决这些城镇化的问题，实现这些新的目标，我国必须将城镇化的发展推进到弗里德曼所说的城镇化Ⅱ阶段，也就是说在实现人口城镇文化、城镇生活方式和城镇价值观的地域扩张过程。由此可见，城镇化是在实践中不断发展的，城镇化的理论也在实践中不断完善。

关于如何实现未来城镇化的发展目标，十八大报告已经明确提出坚持走中国特色新型城镇化道路。新型城镇化与以往城镇化的最大不同点就在于新型城镇化不仅仅是农村居民来到城镇，更重要的是来到城镇后，在城镇如何更好生活发展下去的问题。新型城镇化应该是以人为核心的城镇化，可持续发展的城镇化，城镇功能普遍提升的城镇化，通过城镇化质量的全面提升拉动经济发展，改善人们生活品质，同时实现经济、社会、生态全面协调可持续发展的目的。因此新型城镇化必然涉及社会、生态、城乡一体化、生活方式、创新研发等问题。今天我国所进行的新型城镇化已不再是传统意义上城镇化，它已超过传统城镇化的内涵，不仅包括人口、经济、空间三个方面，还应包括生态环境城镇化、社会城镇化、生活方式城镇化、城乡统筹发展和城镇的创新与研发等内容。

2.2 土地健康利用的内涵

2.2.1 土地利用

土地利用是一个和人类社会前进始终联系在一起的话题，也是人类活动作用于自然环境的主要途径之一，是土地覆被和全球环境变化的最直接和主要的驱动因子，是土地利用者（人）和利用对象（土地）之间相互作用关系的表现。土地利用概念的明确是人们对土地利用进行基础性研究的重要前提，国内外许多学者从不同的角度对这一命题做了多方位的全面阐述。

刘书楷教授认为，土地利用是人们根据土地资源的特性功能和一定的经济目的，对土地的使用、保护和改造。它的本质概念，是指人与土地的关系，或人与自然的关系，即人与土地发生的内存联系（刘书楷，1996）[190]。

周诚教授从经济学的角度，把土地利用定义为："把作为物质资料的土地分别投入生产和生活及其他用途，从微观和宏观上满足人们的不同需求而涉及的各个方面和全部过程"，由生产力的组织和生产关系的协调两大方面组成（周诚，1996）[191]。

王万茂教授认为，在明确土地利用科学概念时，应当明确以下几点认识：①土地是人类社会生存繁衍的基础；②通过人类的干预，土地的质量和利用方式亦在发生变化；③人类对土地的需求实质是对土地功能的需求，属于次生需求；④土地在国民经济各部门中所发挥的功能是不相同的，实际上就形成了具有不同功能的土地利用类型，从这个意义上说，土地利用决定土地的具体功能。土地功能的确定就必须既要满足人类社会经济发展对土地的需求，同时也要充分发挥土地本身的质量特性。因此，土地利用可以定义为土地质量和人为干预所决定的土地功能（王万茂，1996）[192]。

毕宝德教授认为，土地利用首先是个技术问题，土地是多种自然因素的综合体，土地利用实际上就是对这些因素的利用；同时，土地利用又是一个经济问题，土地作为一种最基本的生产要素与其他生产因素相结合后，才能进入生产过程。土地和其他生产要素一样，在利用中必须服从一定的经济规律才能取得良好经济效益。因此，确切地说，土地利用是人类通过与土地结合获得物质产品和服务的经济活动过程，这一过程是人类与土地进行的物质、能量和价值、信息的交流、转换过程（毕宝德，1993）[193]。

土地利用的含义可大致概括为以下几点：①土地利用始终伴随着人类社会生存和发展；②人类利用土地是在土地资源基础上，根据土地自身特点，采用一定的生物、技术手段进行的开发、使用、保护和改造等活动；③人类对土地的需求是对土地基本功能的需求引起的；④人类利用土地既是满足自身生存的需要又是以追求一定生态效益、经济效益和社会效益为目的的过程[194]。

2.2.2　土地利用系统

谢俊奇认为，土地利用系统是由一种的土地利用方式作用于一种土地单元（即土地子系统）所组成的系统（谢俊奇，1999）。在土地利用系统中，土地利用方式实际上是土地子系统和社会经济环境系统相互作用的产物，土地利用方式是否合理将影响发展的可持续性[195]。

唐华俊、陈佑启等学者认为，土地利用系统是人与自然、环境交互作用的集中表现，是典型的资源—环境—经济—社会复合系统。在此系统中，每一个因素都是该系统的一个子系统，其变化经过系统的耦合作用，或者加大系统的变化，或者缩小系统的变化，或者发生微小的扰动（唐华俊，陈佑启，2000）[194]。

蔡为民、唐华俊、陈佑启、张凤荣等学者共同认为，可以将土地利用系统看作是一个以土地利用为基础的自然、经济、社会复合系统（图2-1），它既具有生态系统的一般特征，又具有其本身的特殊性：作用于土地自然生态系统的一部分社会经济因素最初是作为土地自然生态系统的运行环境起作用的，当它们与系统发生相互交织、相互渗透后，与系统固有的成分一起成为系统的有效组分，形成土地利用系统。作用于土地利用系统的社会经济因素不断被固化于土地利用系统之中，从环境因素转化为系统的构成要素，系统则生产出人类所需要的物质产品和服务（蔡为民等，2004）[159]。上述过程的良性循环和系统内部各要素之间及系统与环境之间是否协调关系到土地利用系统能否健康发展。蔡为民等学者借鉴生态系统健康和土地健康等概念，提出土地利用系统健康的概念。

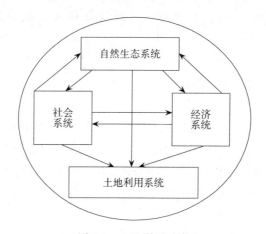

图 2-1　土地利用系统

土地利用系统的概念主要包含两方面：①土地自然生态系统是土地利用系统形成基础。②在一定的土地利用方式和特定土地单元下，与社会经济因素相互作用而形成的系统。③土地利用系统是典型的资源、环境、社会、经济复合系统[159]。

2.2.3　土地集约利用与土地可持续利用

土地可持续利用（sustainable land use）是人们接受可持续发展的观念对以往土地利用的反思，也是可持续发展理论在土地研究中的应用。人们利用土地不仅是为了创造更多的物质，也为了环境的要求，为了取得更好生活和生存，必须改善生态环境，因此，土地可持续利用不仅包括土地的开发、整治，还包括土地的保护。土地的可持续利用不仅需要满足当代人的要求，又要满足后代人的需求，对土地资源不构成危害的利用方式[159]。

土地可持续利用最早出现在《可持续利用土地管理评价大纲》上，FAO 于 1993 年发表并对土地可持续利用进行了定义，将政策、技术及社会经济管理与环境活动结合在一起考虑，需要同时考虑以下几点：降低生产风险（安全性），提高和保持生产力（生产性），保护自然资源潜力和防止土壤与水质的退化（保持性），做到经济的可行性和社会的可接受性[159]。

本书认为土地集约利用并不仅隶属于生产领域的"集约经营"，而是在城镇化进程中的土地利用的大背景下，从土地利用规划、资源禀赋、制度及社会经济等方面考虑，以较小的用地代价来实现城镇化发展的目标。土地合理化、最优化是土地集约利用的前提和要求，土地给用地者带来的使用权效率、效用及土地可持续发展的最大满足是土地集约利用追求的目标。土地集约利用的过程也就是土地的优化配置过程[34]。

由此可见，土地的集约利用和土地的可持续利用是既相互独立又有联系的辩证关系。土地的可持续利用涵盖土地的集约利用，土地的可持续利用是对土地现状功能的维持和提高，以统筹兼顾、永续利用和实现土地的社会、经济、生态效益的统一。土地是稀缺的资源，也是不可再生的资源，同时又是生产生活中必需的生产要素，为环境和人类活动的载体。土地的集约利用则侧重于挖掘现有土地的潜力，以节约和高效为原则，以发挥土地的综合效益最大化为目标。土地集约利用的重要依据及指导思想是土地可持续利用，土地可持续利用的重要手段是土地的集约利用。实现土地的可持续利用有多种方式，土地的集约利用为土地的可持续利用的方式之一。对于不同区域，土地的集约利用和可持续利用有不同的评判标准，而且标准会随着社会、经济、技术水平及人类的认知水平发生变化[34]。

土地的合理利用指在特定的地区及时间段，对土地资源的开发、利用、保护、治理，并通过组织协调人及人与资源环境的关系，实现经济效益、社会效益及生态效益最大化。土地合理利用包括了土地可持续利用和土地集约利用的全部内容，也是三者之中内涵最宽泛的，土地的集约利用不能完全取代土地的合理利用。

在强调土地的合理布局、用地结构及生态环境的前提下，土地的集约利用也一定是可持续利用，只有以可持续利用为指导，合理利用土地，才能在城镇化进程中尽量少占用土地，确保生态安全、粮食安全及社会稳定；才能更加科学地确定土地利用的集约度，防止集约度过高而影响生活的舒适度及对生态环境造成危害，如出现容积率过高、绿化率过低的问题，避免过度关注经济效益而忽视生态和社会效益。

2.2.4　土地健康利用

土地利用系统是人与自然、环境相互作用、相互渗透、相互交织而形成的具有特定结构与功能的综合体，是一个庞大的复杂的资源-环境-经济-社会复合系统。组成系统的各类要素相互影响、相互作用，其中任何一个组成要素的变化都或多或少地会引起整个系统的变化。维持健康的土地利用系统就是要使系统内部各要素之间及系统与环境之间协调运作。

蔡为民、唐华俊、陈佑启等认为土地利用系统健康是以人类社会的可持续发展为目的，促进经济、社会和生态三者之间和谐统一，由土地利用系统的结构、功能和效益这几个方面组成的健康体系[159]。健康的土地利用系统有正常的需求供给渠道、投入产出渠道、技术管理渠道来维持其结构的稳定性；通过物质循环、能量流动及价值增值实现系统功能的稳定性和活力；有良好的结构和功能，就必然会产生高效益[159]。当土地利用系统面对人类活动干扰时，有保持其结构和功能的能力，恢复力越大，系统越健康。结构和功能的健康构成了土地利用系统健康的基石，效益则构成了土地利用系统健康的核心。郑华伟、刘友兆等认为土地利用系统健康，取决于土地利用系统的自然生态子系统与社会经济子因素相互作用过程的良性循环和系统内部各要素之间及系统与环境之间是否协调[160]。土地利用系统健康是以人类社会的可持续发展为目的，促进经济、社会和生态三者之间和谐统一，其内涵可以概括为：①土地利用系统具有良好的自我恢复能力和维持能力；②土地利用系统各要素之间处于协调状态；③土地利用系统能产生良好的经济效益、生态效益和社会效益，促进人类及社会经济的健康发展[160]。

在此基础上，本书对土地健康利用内涵界定如下：某一区域在特定时期，以经济社会可持续发展为目标，在人类社会经济活动影响下，区域土地利用系统结构合理高效，系统功能稳定发挥，生态、社会、经济效益综合统一的土地资源利用方式。

本书所提出的土地健康利用评价是以整个区域土地利用系统为评价对象，针对自然生态子系统和社会经济子系统复合而成的生态经济巨系统，以人类社会的可持续发展为目标，基于 PSR 概念框架，从土地利用系统的人类经济活动压力强度，承载社会经济发展状态水平，采取经济、政策、法律、技术等相应措施方面进行综合评价，诊断由自然生态环境约束和人类社会经济活动影响下的区域土地利用系统健康综合水平，以便发出预警，为管理者提供决策。

2.3　相关理论基础

2.3.1　"田园城市"理论

1898 年霍华德（Ebenezer Howard）出版了《明天——一条引向改革的和平道路》（Tomorrow：A Peaceful Path to Real Reform）为题的论著，主要是针对城市交通拥堵及公共卫生等方面问题，提出田园城市的理论。田园城市具有城市和乡村共同的优点，城市能够提供丰富的社会生活，城市周边由农业用地围绕，城市土地作为公有土地为全体居民所用。按照霍华德田园城市的设想，为了防止城市过度拥堵而出现的各种大城市病，田园城市的规模不宜过大，人口限制在 3.2 万以内。田园城市提倡的是城市和乡村的结合，若干田园城市围绕中心城市呈圈状布置，田园城市的市区占每个田园城市面积的 1/6。田园城市与中心城市及田园城市与田园城市之间的交通通过快速的交通工具连接。各城市之间是耕地、农学院、森林、绿化用地及牧场等农业用地，农业用地永久不能改作城市用地。如此，就可以把城市和乡村很好地结合在一起，城市居民也就可以更好地接近乡村空间，形成了一种既无烟尘又无贫民窟的城市群[196]。霍华德主张应控制城市无限制的蔓延，在城市达到一定规模后就应停止扩张，而是由临近的另外一些城市对新增的人口和产业进行接纳，城市作为永久的绿带，有很便捷的公共交通。田园城市是一种先驱城市模式的设想，在规划时对人口密度、城市绿化和城市经济等重要性问题都提出了建议，为后来各种形态规划设计的出现提供了启蒙作用，如对有机疏散理论和卫星城理论颇有影响。在 20 世纪 40 年代以后，在一些重要的城市规划方案和城市规划法规中也反映了霍华德田园城市的思想[196]。霍华德在 1903 年组织成立了

"田园城市有限公司",并筹措建设资金,在伦敦东北 56 公里的地方购置土地并建立第一田园城市——莱彻沃斯(Letchworth)。田园城市作为城市分散发展的早期理论,其贡献在于指出了城乡发展的方向和道路,将城镇化、工业化与社会主义新农村建设紧密结合起来具有一定的启发意义[197]。

2.3.2 城镇化动力机制理论

城镇化的动力机制多指推动城镇化发生和发展所需要的动力的产生机理,以及维持和改善这种作用机理的各种经济关系、组织制度等所构成的综合系统的总称[198]。由城镇化的发展史可以看出,整个城镇化的过程由农业发展、工业化和第三产业三大力量共同推动和发展,产业结构的调整和优化成为城镇化发展的核心动力。同时,伴随着城镇化进程的深入,产业结构的转型升级、农业剩余劳动力向非农产业部门转移成为必然趋势。

农业生产效率的提高是城镇化的基础动力。通过效率化推进农业的制度安排,用以提升农业生产效率,进而给城镇化以推力,这是城镇化发展的前期基础,也是城镇化发展的基础动力。农业发展对城镇化的贡献不仅表现为农业发展为城镇化提供食物商品贡献、原料贡献、市场贡献,也表现为农业发展为城镇化提供人力资本贡献、资金贡献、土地贡献等。农业剩余的产生既能够满足大批量农村人口向城市迁移的需要,也能够满足工业化发展的需求,进而实现城镇化的快速发展。

工业化是城镇化发展的根本动力。城镇化与工业化两者之间存在紧密的内在联系,城镇化是工业化的必然结果和重要标志,工业化是城镇化的发动机,并能够制约城镇化的发展。工业化对城镇化的推动作用主要表现为:工业化为城镇化提供了物质技术基础,强化了城市的中心地位,供水、供电系统、交通运输设备及能源系统等市政系统设施和工业产品,为城市规模的扩大和城镇化进程的推进提供动力;工业化带来的产业结构的升级吸附大量的农村剩余劳动力发生空间转移,促进城市人口增加和城镇化水平的推进;工业化也为城镇化得以巩固和进一步发展提供基础和源泉,缺乏工业化的支撑,城镇化也就缺乏了实质性的内容,已经城镇化的人口得不到巩固,甚至可能出现反城镇化现象[198]。

第三产业和新兴产业是城镇化发展的后发动力。第三产业的发展能够为城镇化带来明显的集聚效应,强化城市的吸引力,降低资源的共享成本,同时能够发挥人口规模优势,促使生产配套性服务和生活配套性服务增加及就业水平的提升,使得城镇化进入更高的层次,能够有效实现内需拉动下的城市经济的发展。同时,新兴产业的发展能够为城镇化提供发达的市场体系、完备齐全的公用事业服务系统等,释放更为完备的外部经济效应,为城镇化发展注入新的元素,从而促进城镇化的健康协调发展[198]。

2.3.3 生产要素理论

英国经济学家威廉·配第早在 1662 年就在《赋税论》提出了土地为财富之母,劳动为财富之父,其中劳动还是一个能动的要素的观点。随后,理查德·坎蒂隆传承发扬和推广了威廉·配第阐述的生产要素的"二元论",他在《商业性质概论》的开篇之处就提出"土地是一切财富得以形成的源泉"。劳动是生产财富的方式,财富本身就是维持人们生活,并且方便生活和让生活变得富裕的工具[199]。

奥地利经济学家庞巴维克首次明确提出"生产二元要素论",他在《资本实证论》中指出,资本的开始、存在和后期发挥的作用,仅仅只是生产中自然和劳动两个真正的要素活动过程中出现的一些阶段而已。

法国经济学创始人巴蒂斯特·萨伊在其著作《政治经济学概论》（1803）中指出，人们创造出来的全部价值，都要归结于劳动、自然力和资本三者之间的相互作用和协力，唯一元素肯定不是耕地；萨伊认为土地、劳动、资本是重要的生产要素。西方大部分经济学家也都认同萨伊提出的"生产要素三元论"，但是英国著名经济学家威廉·西尼尔却提出其他三个不同的生产要素，他在《政治经济学大纲》中提出，生产主要依赖于劳动和一些自然要素。英国著名经济学家约翰·穆勒在继承萨伊的三要素理论的基础上，更为详细地分析了"土地、劳动和资本"的性质、条件和存在的形式。19 世纪末 20 世纪初，阿尔弗里德·马歇尔在其1890 出版的被西方经济学界称为"划时代的巨作"的《经济学原理》中提出，生产要素一般可分为土地、资本和劳动三大类。20世纪 60 年代，我国著名的技术经济学家徐寿波最先提出了劳动力、投资、物流和资源四方面的生产要素，随后，又于 80 年代率先提出了在劳动、生产中需要同时兼备"六个条件"，分别是人员、资料、对象、环境、空间以及时间，还提出了包括人、财、物、自然力、运输和时间在内的六个力，六个力的本质就是六个生产要素。表 2-1 比较分析了较具有代表性的的生产要素理论[199]。

表 2-1　生产要素理论比较表

种类	二元	三元	三元	四元	六元
名称	劳动	劳动	劳动	劳动	人力（体力和智力劳动）
		资本	节制	资本	物力（能源、原材料）
					财力（固定资产、流动资产等）
					运力（物流、人流）
	土地	土地	土地	土地	自然力（土地、大气、水矿藏、天然生物等）
				组织	时力（时间）

资料来源：密长林：《土地节约集约利用与经济发展协调性的理论分析》。

从表 2-1 可以看出，无论是哪种生产要素理论，土地都是不可或缺的生产要素。基于土地要素对人类经济社会发展的重要作用，在土地利用中必须要坚持节约集约的原则，促进经济发展模式的转型，实现经济更快、更好的健康可持续发展。

2.3.4 土地可持续利用理论

1990 年在印度召开的国际土地利用会议上首次提出土地可持续利用理论，之后，1991 年和 1993 年在泰国和加拿大召开的国际会议都对土地可持续利用的理念提及，目前土地可持续利用的理念已经深入到经济、政治、社会各个层面，并得到世界各国的重视。作为不可再生的稀缺资源，土地能否合理利用必将影响经济的可持续发展。我国人多地少、资源稀缺必须走可持续发展的道路[200,201]。由于城镇化建设必须以土地作为重要载体而进行建设，为了使我国有限的土地资源高效、永续的利用，必须对城市土地进行规划。在城镇化进程中我国土地资源的利用也必须从外延的摊大饼粗放利用模式向内生增长的集约型模式转变，改变目前城镇化过程中出现的追求数量城市和规模城市发展方式，如果不改变仅靠扩张土地的城镇化模式必将导致我国的城镇化走向畸形，导致土地粗放利用，浪费大量优质耕地资源，威胁国家的粮食安全。

土地持续利用思想是基于人地关系和谐理念而提出的。土地持续利用是指在一定的技术经济条件下，对一定区域的土地资源进行开发利用要结合土地利用条件和特征要求，进行合理的组织和实施，协调土地利用过程中的人地关系以及人与资源和环境的关系，使之既能够满足当代人生产和生活需要，又能满足后代人生存发展的需要[201]。

从经济学的角度，土地的持续利用是指在资源环境容量可承载的前提下，达到土地利用效益的最大化；从生态环境角度，土地持续利用是指土地利用产生的高经济效益不能以牺牲土地质量和生态环境为代价，要保持土地利用过程中土地生态系统的物质和能量的良性循环。

土地持续利用是土地健康利用的前提，不持续的土地利用，即使能够产生较高的投入产出效益，但这种效益是不能持久的，因此也不能说是集约的。土地集约利用既要有较高的投入产出效益、土地利用强度，又要有较高的生态环境效益。城市化的土地利用扩展过程是农业用地向建设用地转化的过程，在农业用地向建设用地转化过程中，一方面，农业用地的减少，土地承载功能增强，但土地自然生产能力下降；另一方面，由于城市建设用地的开发，使得农业用地长期形成的自然生态系统遭到破坏，对城市生态环境产生不利影响。因此，要尽量减少城市化中对农业用地的占用，保护农业土地自然生产能力和生态环境，提高城市用地利用率和利用强度，保证城市开敞的生态环境用地空间[202]。

2.3.5　人地协调发展理论

人地协调理论是人类与赖以生存的地球环境之间关系的理论。人类社会系统和自然环境系统相互作用的聚焦地带是地球表层，这两个系统在地球表层空间相互作用、相互联系而构成一个规模庞大、空间广阔、时间漫长、结构复杂、要素众多、功能综合的巨系统，也就是人与地相互影响、相互作用的综合体，构成了人地关系系统（图2-2）[203]。在这个系统中，人类社会和生态环境之间相互进行物质和能量的循环和转化，促进区域经济繁荣发展。人类活动同环境是息息相关的，离开了特定的物质循环，人类就无法生存。人地协调理论要求人要充分认识到人是自然有机体的一部分，人对自然的改造必须在尊重自然和顺应自然规律，使得人与自然相互作用永远处于动态平衡的和谐关系，人地协调是人与自然和谐相处的一种理想模式，它符合人类进化、进步、进取的整体价值目标，体现了人类对自然、社会、经济、环境全方位平衡、完善的要求[203]。

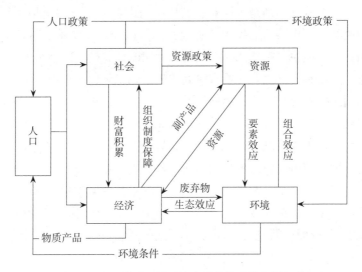

图 2-2　人地关系地域系统内部结构及其作用机理

资料来源：刘彦随：《中国新农村建设地理论》。

　　人地协调理论是认知城乡发展的机理、发展过程、发展趋势的重要理论。乡村具有特有的自然生态环境功能，不但乡村与城市的区域系统之间保持着生态的平衡，也使人类生存环境之间的物质和能量形成某种动态平衡关系。在工业化、城镇化进程推动下，全国大部分乡村耕地质量下降，土壤不断受到污染，乡村生态环境严重恶化，破坏了人类生存环境的平衡[203]。应用人地协调理论指导乡村土地可持续利用，就是在对乡村人地关系发展规律和基本矛盾特性深入分析基础上，深刻理解在乡村土地可持续利用活动中尊重自然规律。关键是协调、平衡，在尊重自然规律的前提下推进乡村土地的开发、保护、利用工作，实现乡村地域的人口资源环境协调发展。协调好城乡人口与土地之间的关系，研究城乡区域社会经济发展的资源承载能力、人口增长对资源需求和环境的影响前提下，建立不同类型乡村系统优化、动态协调和调控管理的可持续发展模式，以达到城乡土地资源可持续利用目的。

2.3.6　新型城镇化理论

新型城镇化是在立足现阶段我国发展的基本国情，总结我国城镇化的发展实践，汲取国内外城镇化的经验教训，适应新的发展要求而提出来的，它是对传统城镇化模式的扬弃，是城镇化理论与实践的创新。新型城镇化理论要求：①坚持科学发展观的指导，在新的发展阶段和发展形势下，城镇发展也面临着发展模式转变的迫切要求，新型城镇化要求我们必须处理好城镇化过程中的各种关系和矛盾，用科学发展的基本理念、基本要求和根本方法指导城镇化实践。②推进新型城镇化要遵循城镇化的基本规律，城镇化是人类社会经济发展的一种普遍现象历史来看，不同国家或地区城镇化的路径尽管会有所不同，但它们都遵循经济社会和城镇化发展的一般规律。③推进新型城镇化要从实际出发，在新型城镇化推进过程中，需要考虑自身的特点和发展实际，针对经济社会发展过程中的突出问题和矛盾，按照科学发展的理念，确定符合自身特点和发展要求的新型城镇化道路，推行科学合理的城镇化政策。

2.3.7　系统理论

1932 年，美籍奥地利理论生物学家贝塔朗菲（L. Von. Bertalanffy）发表了《抗体系统论》，正式提出系统论的思想。

1937 年，提出了一般系统论思想，为这门学科奠定了理论基础。1948 年，他在美国讲授一般系统论时，系统论才被学术界重视。1968 年，贝塔朗菲出版了专著《一般系统理论基础、发展和应用》（General System Theory，Foundations，Applications），此著作被学术界公认为学科的代表作。

（1）系统论的基本思想

系统一词英文为 system，最早出现在古希腊，当时只有模糊的定义。到了近代，系统论的思想受到古代整体观念的影响，辩证唯物主义体系将世界普遍联系的事物作为一个整体。20 世纪 40 年代出现了信息论、控制论、结构论，在学科领域中称为"老三论"。20 世纪 70 年代，陆续出现了耗散结构论、协同论和突变论，并且得到了快速发展，虽然这三门基本理论建立时间较短，但在系统论中已经成为系统论的新成员，被称为"新三论"。

系统论的核心思想主要是系统分支的整体观念，任何一个系统都可以组成有机整体，系统不是每个部分的机械组合或者简单相加，各要素在孤立的状态下是没有任何意义的。亚里士多德也曾说过整体大于部分之和，说明系统通过整体才能表现出来，并且指出系统中各个要素不是孤立存在，每个系统都处在一定的位置上，并且每个要素都在发挥自己的作用。总之，系统的各个要素互相联系，构成了一个不可分割的有机整体，一旦某个要素从整体中分离出来，它将会失去实际应用价值。

（2）系统论的基本特征

一是整体性。系统被看作是一个整体，不是各个要素简单地相加，因为系统系统的整体功能大于部分总和。二是相关性。系统的各个要素是相互联系的，每个系统的相关要素并不是独立存在的。三是层次性。任何系统都可以分解成一系列子系统，并存在着一定的层次性，因此系统的层次性有助于系统功能更好地实现。系统的层次性是按着由大到小的层次逐渐扩散，而且每个层级都是作为系统的分支系统。四是环境适应性。泛指系统必须适应外部环境变化的能力。环境其实就是系统所要面对的外部条件，更进一步讲对系统内部有着重要的作用和反作用等诸要素的集合。五是动态性。系统的动态性是随着时间与所处环境存在物质与能量转换。

（3）系统论对城镇化研究的启示

地理学具有整体性（系统性）、地域性（区域性）、综合性（多要素集合）等特征。在地理学视角下的城镇化，涉及复杂的社会、经济、人居环境等多方面的内容，形成一个咬合的系统工程。因此，必须系统地认识城镇化，对于研究城镇化发展过程、格局和机理具有重要的指导意义。从系统的角度讲，城镇化进程涉及人口、经济、社会、生态、土地等各个领域，每一个领域都形成一个子系统，系统之间相互影响。如人口由农村转移到城市，引起职业的转变、社会关系的转变，农村生态系统和土地使用性质都发生变化。某一个子系统中有一个系统发生变化，将会影响城市整体运行，在城镇化进程中，往往是大搞城市建设，而配套基础设施、商业网点、垃圾和污水处理设施建设滞后，给居民造成极大地不便，影响居民的生活质量。因此，城镇化是一个复杂的系统工程，人是城镇化的主体，经济是城镇化动力，空间城镇化是载体，促进各个子系统之间全面协调发展，从整体上提高城镇化发展质量。

2.3.8　区位理论

包括杜能的"农业区位论"、韦伯的"工业区位论"、克里斯塔勒的"中心地理论"和廖什的"市场区位论"。这些理论对区域内寻求最低成本的"合理布局"问题，集聚效果与集聚规模问题，居民点体系的空间形态及以城市为中心的土地利用空间结构问题，社会经济发展各阶段空间结构演变的特点问题，社会分工的空间差异与之所引起的运输效果等问题的研究有助于区域经济问题的解决。

2.3.9　土地资源安全学说

该学说的提出是基于国家安全的需要，基本概念是：国家资源环境的有效管理和合理使用。其内涵为：①土地资源生产安全。由于土地资源在天然形成过程外，还存在着人类对土地资源原始提取、加工与改良等多种生产活动，这些生产活动改变着土地资源的质量和数量，拓宽了可利用土地资源的范畴。因此，土地资源生产安全包括：土地资源的生产速度不低于土地资源的消耗与破坏速度；在土地资源生产过程中，将对环境的破坏降低到最低点，并通过土地资源生产活动，实现对生态环境的保护与完善；土地资源的开发利用应考虑代际利益分配。②土地资源分配安全。土地资源分配是指对土地资源开发利用利益的再分配，应完全受市场经济的制约，而不是传统计划经济中的产品分配。包括：土地资源在区域经济发展中得到有效保护与合理利用，生态环境得到逐步改善；土地资源分配关系基本合理，在土地资源开发利用过程中，能正确处理局部和整体利益，当前和长远利益等各方利益；土地资源的可持续利用与经济社会的可持续发展成为土地资源开发利用利益主体追求的最高境界。③土地资源交换安全。是指土地资源及其相关产品的流通。通过土地资源的交换，可以实现资源优势转换或短缺资源的互补。该学说包括：国内、国际市场流通渠道通畅；土地资源在同外部竞争中居于优势，具有控制和反控制能力；国家在全球资源再分配中占一席之地，具有吸引国外优势资源，弥补本国资源不足的能力。④土地资源消费安全。土地资源消费是指土地资源及其相关产品的占用与消耗。由于各类土地资源之间存在密切的生态连带性，因此一种土地资源的消费过程，往往是另一类土地资源的破坏过程。土地资源消费安全包括：土地资源得到合理的保护与充分利用，消费结构合理，利用效率不断提高；土地资源消费的过程中，对环境的破坏达到最低，并能够做到逐步修复；土地资源赋存量或储备量具有缓解国内资源供应危机的能力。

上述这些理论模式各有它的道理、特点，有些模式只适应于一定的发展阶段，有些模式虽然较理想，但非短期内所能实现。因此，应根据吉林省区域特点和不同的发展阶段，因地制宜地加以选择，或几种模式交替应用。

2.4　本章小结

本章首先对新型城镇化和土地健康利用的相关基础内涵进行梳理、界定和内涵阐释，如城镇化、新型城镇化和土地利用、土地利用系统、土地健康利用；然后系统地整理、分析新型城镇化与土地健康利用的相关理论基础，主要包括田园城市理论、城镇化动力机制理论、生产要素理论、土地可持续利用理论、人地协调发展理论、新型城镇化理论、系统理论、区位理论和土地资源安全学说。本章的研究将为本书关于新型城镇化与土地健康利用的协调发展关系分析提供理论支撑，有助于本书的研究实现新突破。

第3章 研究区概况

3.1 自然环境状况

（1）地理区位

吉林省位于中国东北地区中部，地理坐标北纬 40°52′～46°18′、东经 121°38′～131°19′，全省土地总面积187 400km²。吉林省北靠黑龙江省，西交内蒙古自治区，南邻辽宁省，东与俄罗斯联邦接壤，东南隔图们江与朝鲜民主主义人民共和国相望。

吉林省位于中国东部黑龙江亚板块内，东部和西部分别为长白块体和松辽—兴安块体。在大地构造上，可分为两大构造单元，即沿和龙、海龙线（大致是北纬43°）分为南北两部。南部属于华北台地，北部属于地槽褶皱区，其中吉林、四平以东属张广才岭褶皱带，以西属松辽凹陷。

（2）地质地貌

吉林省地势自东南向西北倾斜，主要受新华夏系构造第二隆起带和第二沉降带控制，地貌以中部大黑山为界，可分为东部山地和西部平原两大地貌一单元。吉林省的地貌包括山地、丘陵、台地和平原四个基本形态类型。山地中包括中山和低山。中山海拔在 1 000m 以上，最高不过 2 700m；低山海拔一般在 400m 以上和 1000m 以下。丘陵一般分布在中山或低山的两侧及宽谷盆地的边缘。相对高度多在 30～200m。除火山丘之外，大部分为侵蚀剥蚀丘陵。台地包括高台地和低台地两种。前者的坡坎高度在 100m 上,以熔岩台地为主;后者坡坎高度在 100m 以下,多为侵蚀剥蚀台地或冲积洪积台地,包括由河流形成的高阶地。平原海拔多在 200m 以下,除山地中狭窄的河谷平原外,大多开阔平坦,主要为冲积平原、冲积洪积平原和湖成平原。西部平原上常覆盖有大片风成沙丘。

（3）气候

吉林省气候属中温带大陆性季风气候。主要特征:地处中纬,四季分明;气温年较差、日较差大;雨热同季;自西向东,干湿气候有序分布;长白山有明显的垂直气候带等几个方面。吉林省冬季处于蒙古高压东南部,西北风偏多,陆地表面的强烈冷却,加剧了降温程度。表现为冬季气温低,云量少,晴朗干燥。夏初,西太平洋副热带高压开始北跳,7 月副热带高压脊线可达北纬 25°,为偏南暖湿气流北上提供了有利流场。同时,又有东北,东南季风出现,导致降水较多。随着太阳直射点的北移,气压带和风带也向北移动,当极锋过境时,降水较多。热带气旋登陆地也是吉林省主要的降水来源,热带气旋降雨集中,强度较大,并常暴雨成灾。夏季气温较高与降水量较多相配合,构成了雨热同季的气候特点。

吉林省降水量的分布有自东南向西北递减的规律。在白城、通榆、挑南、镇责一线以西,降水量小于 400mm,中部平原区,年降水量为 400～700mm,东部低山丘陵区,为 600～700mm,海拔千米左右的山地达 700～1 000mm。通化地区的老岭山地和长白山上部,年降水量均在 900mm 以上。吉林省相对湿度的分布与降水量的分布一致,年平均相对湿度为 58％～72％,年平均蒸发量在 1 033～189mm。

（4）水资源

吉林省的自然水体包括江河湖沼等地表水和地下水，由于自然环境的不同，东部山地和西部平原的水文地理特点有很大关异。东部山地是许多大河的发源地，河网密度大，沼泽发育，地表水比较丰富，地下水常以泉的形式补给河流。西部平原的河流多由省外流入，河网密度较稀，湖泊较多，地下水较为丰富。全省水资源总量达 530.0 亿 m^3，其中地表水 495.4 亿 m^3，地下水 109.7 亿 m^3，重复量 75.05 亿 m^3，平均每平方公里的水资源量为 28.3 万 m^3。但人均占有水量和每亩*耕地平均占有水量都低于全国平均水平，而且从全省看，存在水资源空间分布不均匀的现象。

（5）土壤

根据第二次土壤普查中制定的《吉林省土壤普查分类系统》，吉林省共分有 19 个土类 44 个亚类 99 个土属 263 个土种。土壤的分布与生境相伴呈现出明显的地带性。在成土因素综合作用下产生的地带性土壤有棕壤、暗棕壤、白浆土、黑土、黑钙土、栗钙土。受地域影响还有火山灰土、山地草甸土、盐土、碱土、草甸土、沼泽土、风沙土、泥炭上等。在土壤的分布上，东部中山低山区土壤以暗棕壤和白浆土为主，间有草甸土、沼泽土、泥炭上及水稻土等。暗棕壤主要分布于山坡、河谷阶地，而白浆土主要分布于地势平坦的地方。中部台地平原区以土体深厚、有机质丰富、自然肥力高的黑土为主，并零星分布有草甸土、冲积土和水稻土。西部地区土壤以黑钙土为主，间有栗钙土、盐土、碱土、黑土型风沙土及草甸土。

---

* 亩为非法定计量单位，1 亩＝1/15 公顷（hm^2）。——编者注

(6) 植被

吉林省东部为山地，西部为平原，海拔高差较大，气候也相差悬殊。南部与华北植物区系相接，西部与蒙古植物区系交错过渡，因而植物种类十分丰富。植物种类包括有种子植物、泡子植物、菌类、藻类和地衣。据不完全统计，全省有 2 400 余种，隶属 239 科 879 属。其中种子植物有 111 科 510 属 1 500 种、裸子植物 3 科 8 属 15 种、袍子植物中有苔藓植物 47 科 150 属 201 种、蕨类植物有 23 科 40 属 110 余种、真菌有 37 科 131 属 400 余种、地衣 18 科 40 属 180 余种。

3.2 社会经济状况

吉林省是全国重要加工制造业基地、商品粮生产基地和新兴畜牧业基地。改革开放以来，吉林工业通过结构调整、体制创新，进入新的发展时期。国有企业活力增强，股份制企业、外商投资企业、民营企业快速发展，汽车、化工两大支柱产业进一步壮大，食品、医药、光电子信息成为优势产业，能源、冶金新型建材、纺织和旅游等特色产业潜力巨大。2011 年，全省全部工业实现增加值 4 907.7 亿元，比上年增长 18.5%，规模以上工业增加值 4 531.64 亿元，比上年增长 18.8%，增幅高于年初规划目标 3.8 个百分点。其中，轻工业实现增加值 1 316.6 亿元，增长 24.9%；重工业实现增加值 3 215.1 亿元，增长 16.5%。

全年实现农林牧渔业增加值 1 277.44 亿元，比上年增长 5.1%。其中，实现种植业增加值 676.16 亿元，增长 6.8%；林业增加值 51.24 亿元，增长 5.4%；牧业增加值 493.01 亿元，增长 2.2%；渔业增加值 19.08 亿元，增长 4.6%；农林牧渔服务业增加值 37.95 亿元，增长 9.2%。全年粮食作物播种面积

6 817.52万亩，比上年增加 79.15 万亩，增长 1.2%。全年粮食总产量 3 171 万吨，增长 11.6%。其中，玉米产量 2 339 万吨，增长 16.7%，单产 7 462.8kg/hm²，增长 13.5%；水稻产量 623.5 万 t，增长 9.7%，单产 9 019.9kg/hm²，增长 6.9%。

2011 年，全省实现地区生产总值10 530.71亿元，比上年增长 13.7%。其中，第一产业实现增加值1 277.40亿元，增长 5.1%；第二产业实现增加值5 601.20亿元，增长 17.5%；第三产业实现增加值3 652.11 亿元，增长 10.9%。按常住人口计算，当年全省人均 GDP 达到 38 321 元，增长 13.4%。三次产业的结构比例为 12.1：53.2：34.7，对经济增长的贡献率分别为 4.5%、66.7%和28.8%。

3.3　城镇化发展状况及存在问题

1949 年以后，伴随工业化的展开，城市化也在全国范围内开始了新的进程。纵观 60 年来吉林省城市化发展历程，根据其发展走向趋势，将此进程归纳成四个阶段。

第一阶段：快速发展阶段（1949—1955 年）。"一五"时期，吉林省是全国重点投资地区之一，率先承接多项大型工业项目，长春、吉林、四平等工矿业城市规模迅速扩大。城市化率由 1949 年的 17.9%迅速增长到 1955 年的 29.2%，城市化水平高于全国平均水平。第二阶段：波动起伏阶段（1956—1963 年）。这一阶段是吉林省人口城市化进程中的冒进时期，"大跃进"发展浪潮导致城镇人口迅速提高，到 1960 年，吉林省城市化率达到了 393.%，但接下来的三年经济困难时期凸显了之前城市化发展过快带来的隐患，为减缓城市粮食供应不足的问题，大批城镇人口返乡，形成"反城市化"现象，到 1963 年，城市化率下降到了 32.1%。第三阶段：停滞下降阶段（1964—1977 年）。

"文化大革命"期间，大规模的"上山下乡"运动造成了规模空前的"反城市化"运动，原有的城市居民身份变成了农村人口，到1970年，吉林省城市化率下降到了29.8%。第四阶段：缓慢增长及稳步推进阶段（1978年至今）。"文化大革命"结束后，尤其是伴随着我国改革开放，国家以经济建设为中心，大量农村剩余劳动力开始向城市转移，吉林省城市化水平持续增长，由1978年30.1%增长到1999年的43.3%，但由于计划经济体制下工业结构不合理，乡镇企业发展基础薄弱，吉林省城市化水平逐渐显现出滞后发展的迹象，"东北现象"日渐显现，大量国有企业破产倒闭使全省工业经济发展步入低谷，自上而下的人口城市化动力减弱，自下而上的人口城市化动力不足。2003年国家实施振兴东北等老工业基地战略，城市建设得到重视，结构性矛盾得到缓解和解决，吉林省城市化稳步推进，2011年城市化率达到53.4%，高于全国平均水平。

纵观吉林省城镇化发展历程，主要体现以下几方面问题：

（1）城镇化发展缺乏内生动力，农业剩余劳动力转移动力不足

吉林省产业结构长期以重工业为主，导致自下而上的城市化发展动力不足。2011年，吉林省重工业高达72.5%，轻工业只占27.5%。重工业生产部门吸纳剩余劳动力的能力远不如轻工业，其结果是拖累城镇化发展速度。吉林省的主导产业较为单一，除汽车、石化和农副产品加工之外，没有形成多元化发展格局，加之长期以来我国对吉林省的产业发展投资仍以重化工业和大中城市为重点，从而使吉林省各市县产业发展动力不足，形成规模小、产业集聚能力不强、资源型城市转型困难、人口就业吸纳能力有限的城市化发展特征。农业剩余劳动力的转移对于城市化进程的推进是至关重要的源泉，但吉林省现阶段农村劳动力受

教育程度较低，只能向劳动力密集的产业单位进行转移，不能向资本密集型甚至是技术密集型企业转移。相应的，吉林省的工业结构以重工业为主，多为资本密集型向技术密集型转变阶段的企业单位，因此农村劳动力很难向贡献率最高的重工业单位转移，从而无法以较快的速度推动城市化进程。农业剩余劳动力转移问题，同样导致了吉林省自下而上城镇化动力不足。

（2）城镇化空间分异明显

吉林省城市化水平空间分布具有明显的地带性。中部地区各县农业发达，农业人口密集，城镇化水平偏低。东西部由于林场、农场数量较多，农垦工人（按非农业人口统计）相对集中，另外，延边朝鲜族自治州是一个消费型城市，服务业人口比重相对较高，以上均导致东西部城市化水平高于中部地区；由于吉林省经济发展活跃地区大多集中于哈大轴带上，因此吉林省中部区域经济发展明显好于东西部。由此可见，吉林省城镇化与经济发展不相协调，从经济密度空间分布来看，中部地区最高，而东西部地区经济密度较低。从城镇化水平来看，中部地区城市化水平最低，而东西部城市化水平较高，吉林省各地区城市化与经济发展水平呈现不同步的发展态势。尤其是东西部地区城市化水平超前于经济发展水平，城镇化质量较低。

（3）城市化质量不高

吉林省城镇化的指标较高，但城镇化的质量较低，城镇经济发展明显低于城镇化指标。2011 年，吉林省的城镇化率是53.4%，排在全国第 12 位，而经济发展则处于全国中等偏下的水平，地区生产总值排在全国的 22 位。城镇基础设施建设严重滞后。2011 年，全省城市设施水平，除每万人拥有公共厕所座数排在第 6 位外，其他均排名靠后。如人均公园绿地面积排在全国第 20 位，低于全国平均水平 1.27m²；人均城市道路面积排在全国第 22 位，低于全国平均水平 1.85m²；每万人公共交通车辆排在第 24 位，低于全国平均水平 2.5 台；城市燃气普及率排在全国第 23 位，低于全国平均水平 4.13 个百分点；城市用水普及率排在全国第 24 位，低于全国平均水平 4.33 个百分点。虽然吉林省城镇化水平比全国平均水平略高，但由于城镇经济实力不强，历史欠账较多等因素的制约，致使吉林省城镇基础设施建设水平偏低，导致城镇功能不能充分发挥、城镇居民生活质量提高缓慢。因此目前吉林省城镇化与现代化城镇的标准相比还有一定的差距。由此也可看出，单纯从城镇人口来判断区域城市化水平非常片面，应从经济、社会、基础设施等多方面对区域城市化水平进行评价。

（4）城镇体系不完善，城镇间缺乏分工协作

2011 年，四平市人口超过 50 万人，结束了多年来吉林省城镇体系 50 万～100 万人口大城市断档的局面，但城镇体系结构仍不尽完善，长春市一市独大，白山、通化、松原、辽源、白城等地级市人口仍不足 50 万人，很难形成结构完整的城镇体系。城镇体系的不完整致使许多城市经济实力弱，功能不强，缺乏聚集和辐射能力，大部分区域中心城市功能作用弱化，行政职能突出，经济职能薄弱，未能形成良好的经济特色和经济结构。总体上看城市化滞后于工业化，城市化的空间集聚滞后于产业转移。从城镇间的分工协作来看，吉林省空间紧凑度为 0.980，位于全国各省空间紧凑度的第 23 位。空间紧凑度是反映区域或城市空间组织结构及形态的重要指标，能反映出区域内城市间的相互作用关系、城镇体系的完善程度。由此可以看出，吉林省城镇体系并不完善，而且城镇间缺乏联系。具体情况是，许多地区城镇职能结构趋同，产业结构不合理，经济效率比较低，城市之间横向

联系薄弱，人才、信息、资金交流缺乏畅通的渠道。多数中小城市定位不明确，特色不明显，产业规模弱小，发展趋同，缺乏合理的分工协作，区域分割、条块分割现象比较严重。长春、吉林两个特大城市相距 80 多 km，具有经济一体化的有利条件，但在发展上却互不联系，缺乏分工合作，难以形成区域整体竞争优势。东部两个城镇组团、3 个中等城市地处长白山区，具有大量的矿产、动植物及旅游资源，却各自为战，不能互相整合、共同开发、协调发展。

3.4　本章小结

　　本章从自然环境状况、社会经济状况和城镇化发展状况三方面全面系统阐述了研究区域相关概况。其中，自然环境概况从地理区位、地质地貌、气候、水资源、土壤、植被等方面进行阐述分析；社会经济状况主要从地区生产总值及产业结构优化调整等方面进行阐述分析。最后，系统分析了吉林省城镇化发展进程的阶段特征及存在的主要问题。本章的研究将为本书后续章节关于新型城镇化发展与土地健康利用的影响因素、综合评价指标体系的构建、协调发展模型的选择及应用、区域发展路径选择与对策措施提供理论支撑和思路借鉴。

第4章 新型城镇化与土地健康利用的影响因素

4.1 新型城镇化影响因素

4.1.1 国家政策

新型城镇化是国家重要的发展战略，是国家相关政策不断发展深化的过程[197]。通过健全法制、制定和实施国家城镇化战略和公共政策，开发建设区域基础设施，改善城市环境，提供公共服务设施，引导城镇化与农业现代化、工业化、信息化互动发展，加快城镇化与产业深度融合发展，积极推进区域结构调整，正确应对快速发展的新型城镇化进程[201]。

中华人民共和国成立以来到改革开放前我国的城镇化经历了曲折的发展阶段，短暂发展时期（1953—1957年）、起伏波动时期（1958—1965年）、停滞时期（1966—1976年）三个阶段，城镇人口比重从10.63%增加到17.44%。改革开放以后中国的城镇化得以全面恢复，2000年上升为国家重点发展战略，到中国特色新型城镇化道路的发展历程可以划分为5个发展阶段：

1978—1984年，是城镇化恢复时期，农村改革的"推力"为城镇化发展的主要动力。农村家庭联产承包责任制的实施，乡镇企业崛起，农村经济得到发展，城乡联系进一步加深。1980年首次提出了城镇化发展的方针政策，经过这一阶段的发展，城镇人口从 16 669 万人增加到 24 017 万人，城镇化率达到 23%。

1985—1991 年，城市改革产生的"拉力"为城镇化发展的主要动力，小城镇与东部沿海城市均得到高速发展，城镇的发展推动我国第三产业的快速发展，第三产业占 GDP 的比重由 24.5%提高到了 34.3%，第三产业就业人数由 8 359 万人增加到 1.3 亿人，所占就业的比重由 16.8%上升到 19.8%，同时城镇人口比重上升到 26.94%。

1992—1999 年，市场化改革成为城镇化发展的主要动力。邓小平南方谈话强调要建设社会主义市场经济，将中国的改革推向了一个新的阶段；1997 年金融危机的爆发将城镇化作为拉动内需、缓解有效需求不足的重要途径；1998 年将小城镇发展提高到新的高度，1999 年城镇人口比重已经达到 34.78%。

2000 年以来，"走中国特色城镇化道路"成为城镇化发展的主要动力，城镇化进入快速发展时期。城镇化被列为国家的重点发展战略之一，走符合我国国情的城镇化发道路是最早对中国特色城镇化道路的表述；中共十六大指出城镇化是 20 世纪头 20 年经济建设和改革的一项重要任务；"十一五"规划中强调城镇化要集约发展，要注重城市综合承载能力建设，积极稳妥地推进城镇化，促进城镇化健康发展；中共十七大强调城乡统筹和城镇功能的发展完善。

2012 年，中国特色新型城镇化成为未来城镇化发展的主要方向。中共十八大提出了新型城镇化建设，新型城镇化应该是以人为本、公平共享的城镇化，核心应该是人的城镇化，这一思想为中国特色城镇化道路指明了方向，到 2012 年城镇人口达到 7.1 亿，城镇人口比重达到 52.6%；2013—2014 年十八届三中全会和 2014 年经济工作会议，出台实施国家新型城镇化规划，落实和完善区域发展规划和政策，增强欠发达地区发展能力。特别是 2013 年 12 月召开的中央城镇化工作会议，习近平总书记明确了推进城镇化的指导思想、主要目标、基本原则、重点任务[204]。

1978—2014 年，城镇化的发展过程是我国社会经济发展的一个重要过程，同时也是国家城镇化发展战略、方针政策的发展演变过程。

4.1.2　区位条件

区位条件是由影响区域经济发展的重要的自然要素和经济要素构成的，具体来说主要包括自然资源、地理位置，以及社会、经济、科技、管理等方面要素，区位优势是这些要素的综合，也包括这些要素的绝对位置和相对位置的优势[198]。区位优势也是一个不断发展的概念，是随着有关条件的变化而变化。现代区位理论中对区位的认识已经不再局限于"地理位置"，克鲁格曼认为在现代社会经济活动的区位条件已经发生了变化，并且在其著作《新经济地理学》中明确提出位置、交通、信息是现代区位条件的重要组成部分。

对于城镇和城镇化发展来说，自然条件、地理位置、交通、信息是主要的区位条件[198]。自然条件包括环境和资源两个方面，是城镇发展的基础。地理位置会影响区域的基础设施、劳动力的数量与质量、经济发展的历史、现状及产业结构、未来发展潜力，决定了城市发展的自然地理条件和经济地理条件。信息条件与交通条件存在紧密的联系，交通与通信条件较好的地区一般信息条件也较为优越，在这 4 个主要影响因素的共同作用下，形成当地独具特色的区位条件。进而必然吸引众多非农产业在城镇集聚，为城镇创造大量的非农就业机会，使得城镇周围的农村剩余劳动力不断向城镇集聚。我国城镇化的实践也已经证明区位条件对城镇化的发展具有重要作用。我国东部地区是全国城镇化发展速度最快的地区，这主要是东部沿海地区凭借良好的自然条件、相对优越的地理位置、便捷的交通、发达的信息交流网络，有效地实现了产业和人口的集聚。而我国西部地区无论从地理位置、交通还是信息方面来看，区位条件都较差，这也是西部地区城镇化发展缓慢的一个重要影响因素[198]。

4.1.3 经济基础

城镇是社会生产力发展的结果，商品农业的出现和发展，物资集散和交换功能的扩大是大量小城镇诞生地重要原因，农业发达，城镇的兴起和成长在经济上才成为可能[198]。随着我国农业的进一步发展，农村为工业提供了大量剩余劳动力，使得城镇工业得到发展。直到18世纪40年代，第一次工业革命使得集中化的大规模生产成为主流方式，生产的集中带来了人口的集中，大批工业城市诞生，规模也不断扩大，加快了城镇化进程。19世纪40年代到20世纪50年代，重化工业崛起成为主导产业，西方发达国家城镇化水平从11.4%上升到了52.1%。工业化为城镇化提供必要的物质技术条件，城镇基础设施大规模建设，生活条件显著改善，城镇规模也得到扩大。20世纪至今，以信息化为核心的高技术产业成为主导产业，推动发达国家城镇化进程，也改变了人口分布的形态。由此可见产业与人口的集聚是城镇化的前提，当大量的产业在城镇集聚发展就会降低企业在运输、劳动力、基础设施共享等方面生产成本，形成规模经济，从而推动城镇化进一步发展[205]。

人口向城镇集聚是生产力不断发展和劳动分工逐渐完善的必然结果，城镇化与经济发展是同步的历史过程，城镇化与经济发展之间是相辅相成、互为因果的关系。在工业化初期经济发展迅速，推动城镇化的作用也更为显著，而到了工业化后期，城镇化的速度也会逐步放慢。

4.1.4 社会基础

城镇化是一个社会过程，社会既是载体，也是主体，改革开放以来，我国社会结构的变化极大地推动了社会系统的发展[207]。产业、资源、资金、人才在城镇的集聚，必然改变原有的社会结构，从而吸引人口向城镇转移。伯格等人提出了著名的"推—拉"假说，他们从宏观经济的角度出发研究了人口迁移的动因，认为城镇对于农村居民来说具有拉力，而农村对当地居民存在推力，在这两种力量的共同作用下，实现了人口从乡村向城镇的迁移。城镇吸引农村居民的不仅仅是就业机会，更重要的是还有相对较高的生活水平和生活质量、良好的受教育机会、医疗卫生条件、全面的社会保障制度等，所以说城镇相对完善的社会福利也是吸引外来人口迁入的一个重要因素。正是这种城乡经济社会条件差异的存在，使得年轻的中国农民抛家舍业，进城谋生之外，也可以更好地实现自我价值，并享受城镇化带来社会福利[198]。

城镇化过程本身就是社会结构的转变过程，我国社会结构最大的特征就是城乡二元结构，户籍管理制度成为制约人口迁移的一个重要影响因素，从而导致城镇化发展滞后于工业化，也滞后于经济发展。改革开放 20 年后，中国社会已经从城乡二元社会结构发展成为三元社会结构，农民工不同于农民也不同于市民，在中国数量众多和影响巨大，已构成一个相对独立的社会结构单元。这是因为农民工既不能完全从农村和土地中退出，也不能完全融入城镇享受与城镇居民平等的公共服务和社会权益，离乡不离土的人口转移模式越来越被视为一种不理想不可持续的发展模式[208]。农民工市民化，也就是让农民工真正享受市民的权利，也应承担市民的义务。中共十八大提出，到 2020 年城镇化质量要明显提高，农民工市民化是新型城镇化建设的首要任务。

4.1.5　文化基础

文化对城镇化的影响主要体现在文化资源、文化设施、文化产业和文化凝聚力对城镇社会经济发展所带来的综合影响。传统文化对城镇化的发展有着深远的影响，我国的城镇化是以农业文化为基础发展起来的，这种文化会深刻的植根于政治制度、生活习惯、心理认同、社会结构之中，文化通过的对人的作用来改变城镇化的进程，这对我国改革开放以后大规模的城乡人口流动都产生了重大影响[209]。

城镇是相对于农村的人类集聚地，V Gordon Childer 指出城镇本身就是一种文明，这种文明具有规模、人口结构的异质性、公共资本、记录与精确科学、贸易 5 个方面的特性[209]。因此城镇文化也是人类社会最丰富多变的文化类型，对城镇社会经济发展、城镇化空间结构都具有很大影响。城镇文化可以为政府、企业所利用促进城镇经济发展，也可以促进城镇转型、提升城市形象、吸引人才集聚，也可以借助文化来推动城镇功能的更新。一个区域的企业文化也会影响当地城镇化的进程和模式。近年来，全球化背景下，世界各国之间交流进一步增多，这种文化环境对城镇化也会产生多方面的影响。总之，城镇化过程也是全社会人口接受城市文化的过程，也是城市文化对生活其中的城镇居民生活方式的改造过程[198]。

4.2　土地健康利用影响因素

4.2.1　人口综合影响

人类是经济社会发展过程中的能动要素也是最具活力的要素，在土地利用活动中也是最具活力的驱动因素之一。人既能破坏生态环境，浪费土地资源，也能保护环境，促进土地健康利用。人口素质的提高也能从技术、政策等各方面影响土地利用方式。改革开放以来，随着经济发展，人口大规模向东部沿海聚集，这就使得东部地区城市的人口规模膨胀，人口密度增加，但人口密度的增加并不会带来土地供给量的相应增加，有限的土地资源要满足大量人口的衣食住行等多方面的需求，这必然会引导着人们追求土地资源的可持续、健康利用，因此可以看到我国东部地区特别是大城市土地的空间利用程度、容积率、建筑密度等集约参数非常高[199]。

4.2.2　资源环境禀赋

资源环境是区域土地健康利用的本底条件。各种自然因素都会对用地结构产生重要影响。良好的自然地理条件对于土地利用程度相当有利，反之，恶劣的自然条件是土地利用的障碍性因素。大部分具有良好自然条件的区域，土地资源不仅能够供给更多的利用，而且还能对土地利用过程中产生的各种废弃物产生一定的承载和修复能力；干旱地区水资源短缺，自然环境差，这导致土壤贫瘠，生态环境脆弱，进而对土地利用产生了不利影响。而土地健康利用有利于改善区域自然环境条件，继而改善区域土地利用系统健康状况[185,199]。

4. 2. 3　经济发展基础

经济发展水平是区域土地健康利用的重要约束条件。当前我国经济社会飞速发展，资源大量消耗，环境污染、生态系统退化，优质土地资源丧失，促使人们重新认识土地利用，改变土地利用的传统观念。在区域经济发展的一定阶段，经济发展水平的高低是其吸引投资的关键，经济发达地区有能力加大生态建设力度，使得土地资源的投入强度和产出率都远高于经济不发达的地区，土地健康利用水平具备优于经济不发达的地区的实力[199]。经济发展有利于土地集约利用水平提高，而土地健康利用对经济发展具有更高的要求。

4. 2. 4　国家政策法规

国家政策及各种法律法规会对土地健康利用产生重大影响。近年来，我国经济飞速发展，城市化水平逐步提高，土地被大量开发利用的同时，土地浪费现象严重[190]。鉴于此，为确保土地资源可持续利用，国土资源部和相关部门陆续修订发布了一系列用地政策和规定。2004 年修订的《中华人民共和国土地管理法》从实际国情出发，将"保护耕地"提升为我们国家的基本国策[199]。此后，国家先后出台和下达《促进节约集约用地》《节约集约利用土地规定》。这些法规、政策及规定，将土地可持续、健康利用上升到国家制度层面，对于引导人们转变土地利用方式，遏制土地浪费、粗放利用行为发挥了重要作用。

4.2.5 科技管理技术

现代社会中，随着科学技术飞速发展，管理水平也在逐步提高，技术进步和管理经验为土地利用提供了极大的技术和管理支持。技术水平的提高可提升土地利用率，并使传统的只能靠粗放利用的土地得以集约利用，进而实现土地健康利用；同时，只有科技的发展进步，才能使人们有办法有能力对低效、未利用土地施以改造，通过新技术新方法使其变为可利用的高效的土地[189]。一方面，技术进步使得包括土地在内的各种资源投入更少，而生产的产品数量反而增加；另一方面，技术进步及科技创新，可以提高土地资源的配置能力和效果[199]。近些年，各种有助于土地可持续利用的方法、技术应运而生，比如城市规划技术、村镇规划技术、土地整理技术、土地复垦技术等，这些方法和技术都在从根本上优化着人们利用土地的方式，提高着土地利用效率[199]。

4.3 新型城镇化与土地健康利用相互影响

新型城镇化作为未来经济社会发展的重要引擎，坚持以人为本、注重保护农民利益，不再是单纯的强调城镇人口数量的增加，而是在生产、生活等方面来实现真正的由乡向城的转变；在社会发展方面做到效率、公平；在生态环境建设方面注重生态文明，注重环境的发展质量，努力做到环境友好。新型城镇化进程中，城市各种经济活动是城市发展的基础。城市经济活动不能脱离土地而单独进行，必须在地球表层进行。土地资源是新型城镇化发展的基础物质要素和拓展空间载体，而土地健康利用是区域土地利用系统对城镇化可持续发展的重要保障。城市的空间经济活动过程既表现为对区域土地空间的开发、利用和改造，又体现出区域土地利用系统承载下新型城镇化发展的数量和质量，是土地利用系统与新型城镇化共生发展的具体体现，从而使新型城镇化与土地健康利用耦合成一个整体，形成一个复合系统，强调新型城镇化与土地利用系统健康的协调发展内在联系，以有效地将两者有机地结合起来[198]。

新型城镇化发展引致城市空间不断扩张，城市社会经济建设迫切需要大量的劳动力，吸引了大批务工人员投入到城市建设当中，这些外来人口加速了城市发展的同时也带来了人口承载能力问题，为了解决人口用地，更多的农业用地向非农业用地的转变。新型城镇化推进离不开区域土地利用系统对城镇发展的空间承载，而区域土地健康利用水平受到区域经济发展以及人类生产、生活活动的影响。

新型城镇化发展提供了丰富的就业岗位和机遇。新的流动人口带来了对生产、生活资料需求，这与土地健康利用息息相关。人口集聚导致城市建成区地段日渐拥挤且生产生活成本提高，于是人们更多倾向转变成本相对较低的城乡结合部农业用地，同时开发大量未被利用的土地。然而能否科学合理利用这些土地来创造生产生活资料，对土地健康利用又是一大潜在影响[198]。

新型城镇化发展影响区域土地资源利用方式：在初期起步阶段，人们更多的是要解决温饱问题，此时的土地主要用于农业生产来为人类生活提供粮食。在中期发展阶段，人们不仅需要单一的土地生产的粮食，还需要更多的选择，比如家禽类、水产类，这就导致农业用地原有的土地利用结构被打破了；生活有了改善，人们对住所的要求也有改观，期望住所附近能有更多的配套设施而且交通便利，土地利用布局逐步调整。在后期成熟阶段，人们生活水平相对宽裕，开始追求生活品质，便捷舒适与修身养性并存；高档小区、清幽别墅、旅游度假地、公园游乐园、大型停车场等，促使土地利用结构不断变化。新型城镇化发展对区域土地健康利用产生重要影响。

新型城镇化发展有利于区域产业结构调整、转型和优化。区域产业结构与土地利用系统两者密切相关，土地利用系统结构的变化会对产业发展产生影响，产业的布局、产业的规模、产业的效益都受制于土地利用系统结构；而产业结构的发展也会影响土地利用系统结构。随着城镇化发展，工业、房地产业等二、三产业逐渐进入城乡结合部寻求新出路。土地自然供给基本固定，于是越来越多的农业用地转化为建设用地，势必会影响耕地的数量与质量，对土地健康利用构成影响[199]。

尽管不同城市在经济发展状况、城镇化水平、土地利用程度和城市管理体制等方面存在明显差异性，但城镇化发展过程和目标基本一致，在城镇化过程中都经历了土地利用由粗放向集约的转变过程，通过调整城市用地结构和空间布局，提高土地利用投入、产出强度，最终实现土地健康利用的目标[190]。合理有序的城镇化是对土地健康利用是激励和促进。土地配置科学，健康的土地利用能推动城镇化可持续健康发展。

我国的城镇化发展较晚，现代城镇化进程时间较短，面临人口持续增长对满足基本生活需求日益增长的农用地（耕地），以及工业化、城镇化快速发展对城市建设用地快速增长需求的双重压力，这也就决定我国的城镇化不能以大规模的牺牲农用地为代价，要走内涵集约、可持续发展的城镇化道路，提高土地健康利用水平，防止城镇化进程中"城市病"的产生和恶化[198,199]。

4.4　本章小结

本章首先从国家政策、区位条件、经济基础、社会基础、文化基础等方面系统分析了新型城镇化的影响因素；然后从人口综合影响、资源环境禀赋、经济发展基础、国家政策法规等方面系统分析了土地健康利用的影响因素；最后，对新型城镇化与土地健康利用的相互影响、相互作用关系进行综合系统分析。本章的研究将为本书后续章节关于综合评价指标体系的构建、协调发展模型的选择及应用、区域发展路径选择与对策措施提供理论支撑和方法借鉴。

第5章 吉林省新型城镇化测度

我国已经进入城市型社会，未来城镇化的主要任务已经转变为优化结构和提高质量，而新型城镇化则是实现这一目标的必由之路。而科学评价城镇化的发展水平，是制定新型发展战略、发展路径的基础。因此，新型城镇化评价体系的构建，科学评价方法的选择，新型城镇化水平的测度，成为亟待解决的科学问题。

目前，城镇化的评价方法有主要指标法和复合指标法两种，主要指标法是使用表征意义最强的一个或多个指标反映城镇化发展程度，城镇人口比重、城镇非农人口比重、非农业人口比重等成为广泛使用的主要评价指标，其具有评价指标容易获得，便于对比的优势，缺点是不能全面反映城镇化的内涵[203-206]，此方法常用于过去传统城镇化水平的评价，为更加全面准确地反映新型城镇化的内涵，本书从多方面入手构建新型城镇化综合评价体系。

5.1 新型城镇化评价指标及方法

5.1.1 评价指标体系的构建

新型城镇化不再是传统意义上城镇化，即人口城镇化、经济城镇化、空间城镇化。《国家新型城镇化规划（2014—2020年）》中明确指出，新型城镇化建设必须遵循的基本原则：以人为本，公平共享；四化同步，统筹城乡；优化布局，集约高效；

生态文明，绿色低碳；文化传承，彰显特色；市场主导，政府引导；统筹规划，分类指导。新型城镇化与传统城镇化的巨大差别就在于新型城镇化不仅仅是农村居民来到城镇，更重要的是在城镇如何更好地生存和发展下去的问题[12,13]。另外，《吉林省新型城镇化规划（2014—2020 年）》也提出吉林省新型城镇化建设必须遵循以下原则：①以人为本，城乡统筹。加快建设宜居宜业城镇，着力提高城镇人口素质和居民生活质量，使全体居民共享城镇化发展成果。②战略指引，突出重点。强化长春和吉林两个大城市的要素集聚和辐射带动作用，加快构建中部城市群，协同共建哈长城市群。③四化同步，产业优先，以产业化支撑城镇化，以城镇化促进产业化。④生态文明，绿色低碳。把生态文明理念全面融入城镇化进程，推动城镇绿色发展，促使城镇化建设与环境保护走上互促共赢之路。⑤文化传承，彰显特色。根据城镇自然历史和文化禀赋，形成具有吉林特色的城镇化发展模式。⑥市场主导，政府引导。正确处理政府和市场的关系，更加尊重市场规律，使城镇化成为市场主导、自然发展的过程，成为政府引导、科学发展的过程。到 2020 年，全省城镇化格局更加优化，城镇综合承载能力明显增强，城镇化发展水平和质量稳步提升，阻碍城镇化健康发展的体制机制障碍基本消除[22,23]。

根据国家新型城镇化规划中提出的指导思想，结合吉林省新型城镇化规划的基本原则，借鉴、参考有关城镇化评价的研究成果，凝练新型城镇化的内涵本质，按照科学性、系统性、层次性、可获取性和可测量性等原则，从以人为本、统筹城乡、集约高效、生态文明，文化传承 5 个方面，分别构建吉林省新型城镇化评价指标体系（2000—2014 年）、长春市新型城镇化评价指标体系（2000—2014 年）、9 地市（州）新型城镇化评价指标体系（2000 年、2007 年、2014 年）。

（1）以人为本

人口从农村向城镇的集聚，是城镇化过程最典型的现象和结果。这种集聚不仅仅是城镇人口规模的增加，吉林省新型城镇化"以人为本"的基本原则，重点建设宜居宜业城镇，着力提高城镇人口素质和居民生活质量[22,23]。因此，从生活水平、人口状况、保险保障、医疗卫生、公共安全、基础设施六个角度对"以人为本"进行测度。选取城镇居民人均消费支出、城镇居民恩格尔系数、常住人口城镇化率、户籍人口城镇化率、城镇基本养老保险参保人数、城镇基本医疗保险参保人数、万人拥有医疗卫生机构数、万人拥有卫生技术人员数、交通事故直接经济损失、火灾发生直接经济损失、燃气普及率、人均城市道路面积、每万人拥有公交车辆等主要指标。

（2）统筹城乡

城镇是相对农村而存在的，城镇化的目的不是消灭农村，而是通过城镇化促进农业现代化的发展。加强城乡联系，实现城乡统筹发展，有利于促进城乡经济、社会、文化的交流。吉林省新型城镇化"城乡统筹"的基本原则，重点在于以提高城镇人口素质和居民生活质量为基础，有序推进农业转移人口和"三区"人口市民化进程，加快城市棚户区改造，促进城乡要素平等交换和公共资源均衡配置，形成以工促农、以城带乡、工农互惠、城乡一体的新型工农城乡关系，使全体居民共享城镇化发展成果[22,23]。因此，从农村发展、城乡差异两个角度对"统筹城乡"进行测度，选取农村居民人均消费支出、农村恩格尔系数、城乡人均消费支出差异、城乡恩格尔系数差异等主要指标。

（3）集约高效

城镇化过程是生产要素在城镇地域的集聚，从而产生规模经济，提高城镇居民收入，促进区域经济发展。按照配第克拉克定理和库兹涅茨定律，城镇化推动区域产业结构优化升级，其演化过程是从农业向工业转化，再由工业向第三产业转化。吉林省新型城镇化"集约高效"的基本原则，重点在于以新一轮老工业基地振兴为发展契机，坚持以城聚产、以产兴城、产城融合发展，调整优化产业布局和结构，巩固提升传统产业，培育新兴产业，加快发展服务业，强化产业平台和服务体系建设，全面提升产业整体竞争力[22,23]。因此，从高效发展、集约发展两个角度对"集约高效"进行测度，选取二、三产业占GDP 比重，二、三产业从业人员比重，万元 GDP 能耗，万元GDP 电耗等主要指标。

（4）生态文明

生态环境是城镇居民生产、生活的重要基础与载体，生态环境的优劣直接决定了城镇居民的生活质量，同时良好的生态环境也是城镇可持续发展在重要保障。吉林省新型城镇化"生态文明"的基本原则，重点在于把生态文明理念全面融入城镇化进程，充分考虑不同区域自然地理和生态特征，构建生态城镇化格局。强化对生态环境的保护、修复和对环境污染的综合防治，节约集约利用土地、水、能源等资源，推动城镇绿色发展，促使城镇化建设与环境保护走上互促共赢之路[22,23]。因此，从三废排放指数、资源环境两个角度对"生态文明"进行测度，选取工业废水排放量、工业废气排放总量、工业固体废物产生量、人均公园绿地面积、建成区绿化覆盖率、自然保护区占辖区面积比重等主要指标。

（5）文化传承

文化传承是社会经济发展的原动力，未来城镇化主要依靠科学文化的传播和科学技术的创新驱动。吉林省新型城镇化"文化传承"的基本原则，重点在于根据城镇自然历史和文化禀赋，依托独特风貌，融入现代元素，发展有历史记忆、文化脉络、民族特点的美丽城镇，充分体现老工业基地、生态强省、农业大省和沿边省份特征，形成具有吉林特色的城镇化发展模式[22,23]。因此，从文化娱乐、科技成果、公共教育三个角度对"文化传承"进行测度，选取公共图书馆藏书、剧场、影剧院数量、研究与试验发展经费内部支出、研究与试验发展人员折合全时当量、每万人口在校学生数、每万在校学生拥有专任教师数等主要指标。

5.1.2　数据来源

上述评价指标体系分别以吉林省、长春市以及吉林省下辖9 地市（州）为研究对象，研究数据跨度为 2000—2014 年，评价指标数据主要来源于相应年份的《中国统计年鉴》、《中国城市统计年鉴》、《中国城市建设统计年鉴》、《中国城乡建设统计年鉴》、《中国区域经济统计年鉴》、《中国环境统计年鉴》、《中国能源统计年鉴》、《中国教育统计年鉴》、《中国劳动统计年鉴》、《中国城市发展报告》、《吉林统计年鉴》、《吉林调查资料汇编》、《吉林省国民经济与社会发展统计公报》、9 地市（州）的统计年鉴、其他相关部门的统计资料和实地调查资料，部分缺失数据通过插值法获得，评价所使用部分数据由原始数据计算处理获得。

5.1.3 指标权重及综合指数确定

为了减少人的主观因素的影响，选择熵值法，即熵权系数法，这种客观的赋权方法确定城镇化评价指标的权重。熵是热力学的一个物理概念，可以对系统无序度进行测量，也就是说熵可以对系统不确定性影响因素进行度量。熵值法可以提取众多不确定因素中的信息量，简而言之，就是将数据进行无量纲化处理后，通过计算这些不确定因素在整个系统中的贡献率，来衡量某一因素对系统的影响度[210]。具体来说，熵值法是根据指标的变化程度的大小对系统整体的影响程度来决定指标的权重，计算指标的信息熵，具有较大的权重是与相对变化程度较大的指标相对应的。熵越大说明系统越混乱，携带的信息越少，效用值越小，该指标的权重越小；熵越小说明系统越有序，携带的信息越多，效用值越大，该指标的权重也就越大。

（1）数据无量纲化处理

熵权法是通过评价指标提供的信息量大小来计算综合指数，指标权重由评价指标构成的判断矩阵来确定[35]。由于评价体系存在正向和逆向指标，需对样本矩阵进行无量纲化处理。假定研究区有 m 个评价对象包括了 n 个评价指标，定义 X 为新型城镇化样本矩阵，表达为：

$$X = \{X_{ij}\}_{m \times n}(0 \leqslant i \leqslant m, 0 \leqslant j \leqslant n) \quad (5\text{-}1)$$

因为各指标系数之间的量纲不统一，所以采用极差化方法对指标系数进行规范化处理。评价指标划分为正向指标 Y_{ij}^{p} 和逆向指标 Y_{ij}^{n}，标准化方法[35]：

$$Y_{ij}^{p} = (X_{ij} - \min x_j)/(\max x_j - \min x_j) \quad (5\text{-}2)$$

$$Y_{ij}^n = (\max x_j - X_{ij}) / (\max x_j - \min x_j) \tag{5-3}$$

式中，$\min x_j$ 和 $\max x_j$ 表示第 j 个指标下各评价样本的最小值和最大值。矩阵 X 转化为矩阵 Y，计算方法如下：

$$Y = (y_{ij})_{m \times n} \qquad (其中：y_{ij} \in [0，1]) \tag{5-4}$$

（2）熵权法

在信息论中，熵值越大，表示评价指标的值相差越小，则该指标的权重较小；反之，某项指标的值相差较大时，则熵值较小，该指标的权重较大[35]。矩阵 Y 中，j 指标下第 i 评价对象的指标值的比重为 f_{ij}，计算方法为[35]：

$$f_{ij} = y_{ij} / \sum_{i=1}^{m} y_{ij} \,(其中，[j=1，2，\cdots\cdots，[n]]) \tag{5-5}$$

H_j 为第 j 项指标的熵值，计算方法为：

$$H_j = -k \sum_{i=1}^{m} f_{ij} \ln f_{ij} \;(其中，[k=1/\ln m]，当 [f_{ij}=0] 时，[f_{ij}\ln f_{ij}=0]) \tag{5-6}$$

计算第 j 个指标的熵权 W_j，计算方法为：

$$W_j = (1-H_j) / \sum_{j=1}^{n} (1-H_j) \quad (其中，[W_j \in [0,1]，\sum_{j=1}^{n} W_j = 1]) \tag{5-7}$$

（3）新型城镇化指数测算

新型城镇化综合指数：

$$A = \sum_{i=1}^{m} (W_i \times M_i) \tag{5-8}$$

式中，A 为新型城镇化综合指数；M_i 为第 i 个评价指标的标准化值；W_i 为第 i 个评价指标的权重。

对 2000—2014 年吉林省、长春市以及吉林省 9 地市（州）新型城镇化评价指标体系的原始数据分别进行无量纲化处理，按照熵值法原理，分别测算各评价指标的权重，结果如表 5-1、表 5-2、表 5-3 所示。

表 5-1 吉林省新型城镇化评价指标体系及权重（2000—2014 年）

目标层	准则层	因素层	指标层	性质	权重
新型城镇化	以人为本	生活水平	城镇居民人均消费支出（元）	＋	0.040 0
			城镇居民恩格尔系数	－	0.021 6
		人口状况	常住人口城镇化率（%）	＋	0.020 5
			户籍人口城镇化率（%）	＋	0.024 4
		保险保障	城镇基本养老保险参保人数（万人）	＋	0.031 0
			城镇基本医疗保险参保人数（万人）	＋	0.043 7
		医疗卫生	万人拥有医疗卫生机构数（个）	＋	0.026 1
			万人拥有卫生技术人员数（人）	＋	0.020 3
		公共安全	交通事故直接经济损失（万元）	－	0.021 9
			火灾发生直接经济损失（万元）	－	0.008 3
		基础设施	燃气普及率（%）	＋	0.023 2
			人均城市道路面积（m²）	＋	0.037 0
			每万人拥有公交车辆（标台）	＋	0.027 3
	统筹城乡	农村发展	农村居民人均消费支出（元）	＋	0.057 1
			农村恩格尔系数（%）	－	0.042 3
		城乡差异	城乡人均消费支出差异（元）	－	0.030 5
			城乡恩格尔系数差异（%）	－	0.023 3
	集约高效	高效发展	二、三产业占 GDP 比重（%）	＋	0.026 8
			二、三产业从业人员比重（%）	＋	0.036 3
		集约发展	万元 GDP 能耗（吨标准煤）	－	0.038 0
			万元 GDP 电耗（千瓦时）	－	0.024 2
	生态文明	三废指数	工业废水排放量（万吨）	－	0.022 2
			工业废气排放总量（亿标立方米）	－	0.033 3
			工业固体废物产生量（万吨）	－	0.027 7

（续）

目标层	准则层	因素层	指标层	性质	权重
新型城镇化	生态文明	资源环境	人均公园绿地面积（m²）	＋	0.036 0
			建成区绿化覆盖率（%）	＋	0.020 5
			自然保护区占辖区面积比重（%）	＋	0.017 3
	文化传承	文化娱乐	公共图书馆藏书（万件/册）	＋	0.042 4
			剧场、影剧院数量（个）	＋	0.022 2
		科技成果	研究与试验发展经费内部支出（万元）	＋	0.037 5
			研究与试验发展人员折合全时当量（人年）	＋	0.037 2
		公共教育	每万在校学生拥有专任教师数（人）	＋	0.041 5
			每万人口在校学生数（人）	＋	0.038 4

表 5-2 长春市新型城镇化评价指标体系及权重（2000—2014 年）

目标层	准则层	因素层	指标层	性质	权重
新型城镇化	以人为本	生活水平	城镇居民人均消费支出（元）	＋	0.038 6
			城镇居民恩格尔系数（%）	－	0.023 1
		人口状况	城镇户籍人口增长率（%）	＋	0.013 7
			户籍人口城镇化率（%）	＋	0.016 1
		保险保障	城镇基本养老保险参保人数（万人）	＋	0.021 2
			城镇基本医疗保险参保人数（万人）	＋	0.046 1
		医疗卫生	万人拥有医疗卫生机构数（个）	＋	0.033 3
			万人拥有卫生技术人员数（人）	＋	0.031 0
		公共安全	交通事故直接经济损失（万元）	－	0.008 9
			火灾发生直接经济损失（万元）	－	0.007 7
		基础设施	燃气普及率（%）	＋	0.027 9
			人均城市道路面积（m²）	＋	0.037 6
			每万人拥有公交车辆（标台）	＋	0.031 3

（续）

目标层	准则层	因素层	指标层	性质	权重
新型城镇化	统筹城乡	农村发展	农村居民人均消费支出（元）	+	0.049 8
			农村恩格尔系数（%）	−	0.034 6
		城乡差异	城乡人均消费支出差异（元）	−	0.015 7
			城乡恩格尔系数差异	−	0.033 7
	集约高效	高效发展	二、三产业占 GDP 比重（%）	+	0.022 3
			二、三产业从业人员比重（%）	+	0.029 0
		集约发展	万元 GDP 能耗（吨标准煤）	−	0.026 0
			万元 GDP 电耗（kW·h）	−	0.016 9
	生态文明	三废指数	工业废水排放量（万 t）	−	0.024 7
			工业废气排放量（亿标 m³）	−	0.012 6
			工业固体废物产生量（万 t）	−	0.027 1
		资源环境	人均公园绿地面积（m²）	+	0.042 0
			建成区绿化覆盖率（%）	+	0.015 6
			造林总面积（hm²）	+	0.051 3
	文化传承	文化娱乐	公共图书馆藏书（万件/册）	+	0.079 5
			剧场、影剧院数量（个）	+	0.049 3
		科技成果	工业企业研究与试验发展经费内部支出（万元）	+	0.047 4
			工业企业研究与试验发展人员（人）	+	0.050 2
		公共教育	每万在校学生拥有专任教师数（人）	+	0.014 6
			每万人口在校学生数（人）	+	0.020 8

表5-3 9地市（州）新型城镇化评价指标体系

及权重（2000年、2007年、2014年）

目标层	准则层	因素层	指标层	属性	权重(2000)	权重(2007)	权重(2014)
新型城镇化	以人为本	生活水平	城镇居民人均消费支出（元）	+	0.043 2	0.001 8	0.002 6
			城镇居民恩格尔系数（%）	−	0.045 1	0.003 6	0.002 2
		人口状况	城镇户籍人口增长率（%）	+	0.000 2	0.000 1	0.016 4
			户籍人口城镇化率（%）	+	0.023 5	0.024 2	0.020 3
		保险保障	城镇基本养老保险参保人数（万人）	+	0.063 1	0.093 3	0.049 2
			城镇基本医疗保险参保人数（万人）	+	0.041 9	0.032 8	0.033 1
		医疗卫生	万人拥有医院、卫生院数（个）	+	0.038 4	0.045 4	0.035 5
			万人拥有医生数（人）	+	0.017 0	0.023 6	0.008 2
		公共安全	交通事故直接经济损失（万元）	−	0.014 2	0.003 2	0.009 4
			火灾发生直接经济损失（万元）	−	0.016 8	0.002 7	0.017 1
		基础设施	燃气普及率（%）	+	0.023 7	0.008 3	0.000 5
			人均城市道路面积（m²）	+	0.029 6	0.009 0	0.007 5
			万人拥有公共汽（电）车数（辆）	+	0.029 4	0.011 6	0.009 5
	统筹城乡	农村发展	农村居民人均消费支出（元）	+	0.018 8	0.001 4	0.000 9
			农村恩格尔系数（%）	−	0.017 4	0.003 4	0.000 0
		城乡差异	城乡人均消费支出差异（元）	−	0.000 4	0.002 1	0.018 1
			城乡恩格尔系数差异	−	0.016 4	0.007 7	0.000 5
	集约高效	高效发展	二、三产业占GDP比重（%）	+	0.003 2	0.018 7	0.000 7
			二、三产业从业人员比重（%）	+	0.006 5	0.021 8	0.003 9
		集约发展	万元GDP能耗（t）	−	0.024 4	0.000 7	0.000 1
			万元GDP电耗（kW·h）	−	0.048 9	0.004 8	0.000 3
	生态文明	三废指数	工业废水排放量（万t）	−	0.011 8	0.018 6	0.004 4
			工业废气排放量（亿标m³）	−	0.001 6	0.011 5	0.027 8
			工业固体废物产生量（万t）	−	0.000 4	0.006 4	0.030 3
		资源环境	建成区绿化覆盖率（%）	+	0.016 8	0.035 1	0.005 5
			造林总面积（hm²）	+	0.048 3	0.053 3	0.065 4

（续）

目标层	准则层	因素层	指标层	属性	权重 (2000)	权重 (2007)	权重 (2014)
新型城镇化	文化传承	文化娱乐	公共图书馆藏书（万件/册）	+	0.080 4	0.081 0	0.114 9
			剧场、影剧院数量（个）	+	0.029 2	0.050 0	0.099 1
		科技成果	研究与试验发展经费支出（万元）	+	0.099 4	0.192 2	0.175 7
			研究与试验发展人员全时当量（人·年）	+	0.136 5	0.184 3	0.134 1
		公共教育	每万在校学生拥有专任教师数（人）	+	0.049 1	0.018 6	0.029 0
			每万人口在校学生数（人）	+	0.004 3	0.029 0	0.078 1

　　按照公式（5-8），根据表5-1、表5-2、表5-3中各评价指标的权重值与该指标的标准化值相乘作为该指标的评价值，通过加权求和后，最终分别得到2000—2014年吉林省、长春市新型城镇化综合指数及其子系统指数，2000年、2007年、2014年吉林省9地市（州）新型城镇化综合指数及其子系统指数。同时，本书将吉林省、长春市及吉林省9地市（州）新型城镇化综合指数进行等级划分，其划分依据在详细研究相关文献的基础上[197-207]，重点参考国内学者在相关研究中的等级划分标准[160-184]，同时结合本研究结果，咨询有关方面的专家，采用等间距划分法确定吉林省新型城镇化分级标准（表5-4）。以上结果如表5-5、表5-6所示。

表5-4　吉林省新型城镇化分级标准

综合指数	0.8～1.0	0.6～0.8	0.4～0.6	0.2～0.4	0～0.2
等级	高（Ⅰ）	较高（Ⅱ）	中等（Ⅲ）	较低（Ⅳ）	低（Ⅴ）

表5-5 吉林省、长春市新型城镇化综合指数（2000—2014年）

年份	吉林省新型城镇化指数							长春市新型城镇化指数						
	以人为本	统筹城乡	集约高效	生态文明	文化传承	综合指数	等级	以人为本	统筹城乡	集约高效	生态文明	文化传承	综合指数	等级
2000	0.135 2	0.288 2	0.000 0	0.500 7	0.175 6	0.207 9	IV	0.158 2	0.348 5	0.041 8	0.493 4	0.114 6	0.219 4	IV
2001	0.156 9	0.263 0	0.061 6	0.529 7	0.080 7	0.203 0	IV	0.135 6	0.411 6	0.078 1	0.498 9	0.088 2	0.217 7	IV
2002	0.105 9	0.245 9	0.089 6	0.555 7	0.133 5	0.201 9	IV	0.179 5	0.200 5	0.119 4	0.554 7	0.120 5	0.226 3	IV
2003	0.240 8	0.231 6	0.146 6	0.620 3	0.153 9	0.268 1	IV	0.287 1	0.297 1	0.227 6	0.679 3	0.086 9	0.298 4	IV
2004	0.269 2	0.173 1	0.273 5	0.594 3	0.194 2	0.289 6	IV	0.300 0	0.194 3	0.406 9	0.498 5	0.141 8	0.288 9	IV
2005	0.322 9	0.233 7	0.349 2	0.540 9	0.259 8	0.332 9	IV	0.330 9	0.188 6	0.637 3	0.571 1	0.167 4	0.339 6	IV
2006	0.388 8	0.350 2	0.418 7	0.550 4	0.396 8	0.413 8	III	0.412 8	0.385 1	0.560 1	0.572 2	0.246 8	0.407 2	III
2007	0.494 4	0.345 0	0.475 2	0.554 4	0.418 8	0.461 9	III	0.483 8	0.284 3	0.601 5	0.479 3	0.251 4	0.406 6	III
2008	0.577 2	0.372 5	0.533 5	0.572 4	0.440 9	0.509 7	III	0.603 1	0.265 9	0.601 7	0.408 3	0.318 2	0.449 5	III
2009	0.641 4	0.527 3	0.591 4	0.493 7	0.515 3	0.566 8	III	0.655 9	0.400 4	0.694 1	0.421 2	0.294 8	0.490 1	III
2010	0.710 0	0.447 7	0.654 1	0.521 4	0.500 9	0.587 4	III	0.755 1	0.553 8	0.752 1	0.397 1	0.578 1	0.619 5	II
2011	0.694 5	0.566 9	0.757 7	0.395 3	0.622 4	0.620 1	II	0.794 6	0.549 5	0.829 2	0.356 6	0.607 6	0.640 2	II
2012	0.837 2	0.524 4	0.834 1	0.416 4	0.738 8	0.701 3	II	0.861 1	0.458 9	0.887 6	0.443 8	0.770 5	0.713 7	II
2013	0.883 8	0.674 9	0.931 6	0.475 0	0.701 1	0.753 6	I	0.804 2	0.627 6	0.975 4	0.489 3	0.841 2	0.751 8	II
2014	0.958 1	0.768 4	1.000 0	0.551 2	0.810 4	0.838 1	I	0.940 2	0.864 5	0.995 1	0.457 3	0.875 7	0.834 7	I

表 5-6　9 地市（州）新型城镇化综合指数（2000 年、2007 年、2014 年）

		长春	吉林	四平	辽源	通化	白山	松原	白城	延边
2000 年	以人为本	0.261 1	0.262 6	0.191 1	0.199 2	0.278 4	0.291 8	0.158 1	0.276 0	0.407 1
	统筹城乡	0.370 3	0.410 4	0.518 8	0.411 7	0.431 3	0.438 4	0.415 5	0.006 5	0.281 9
	集约高效	0.523 8	0.162 2	0.450 9	0.585 6	0.233 6	0.347 4	0.494 5	0.576 0	0.275 0
	生态文明	0.361 5	0.268 7	0.263 6	0.242 4	0.341 0	0.502 1	0.468 7	0.836 9	0.304 0
	文化传承	0.348 2	0.145 0	0.048 4	0.037 9	0.044 7	0.063 2	0.023 5	0.061 1	0.112 2
	综合指数	0.331 4	0.215 7	0.178 8	0.181 1	0.194 4	0.229 6	0.170 5	0.245 2	0.263 7
	等级	IV	IV	V	V	V	IV	V	IV	IV
2007 年	以人为本	0.472 5	0.386 5	0.200 5	0.219 3	0.258 8	0.394 4	0.133 5	0.247 2	0.389 6
	统筹城乡	0.536 9	0.628 3	0.521 2	0.347 0	0.778 4	0.653 7	0.598 7	0.379 4	0.631 8
	集约高效	0.564 6	0.444 3	0.417 2	0.505 5	0.470 0	0.274 6	0.345 8	0.097 4	0.463 9
	生态文明	0.445 1	0.328 6	0.279 7	0.378 2	0.368 2	0.290 5	0.517 2	0.467 9	0.335 6
	文化传承	0.598 8	0.162 0	0.053 3	0.042 8	0.062 3	0.041 9	0.055 3	0.077 1	0.094 0
	综合指数	0.562 1	0.277 4	0.153 6	0.172 3	0.197 0	0.184 0	0.169 7	0.189 3	0.242 5
	等级	III	IV	V	V	V	V	V	V	IV
2014 年	以人为本	0.675 4	0.578 3	0.451 7	0.403 8	0.475 6	0.553 7	0.291 2	0.387 2	0.451 5
	统筹城乡	0.059 6	0.431 3	0.542 6	0.538 6	0.501 0	0.676 3	0.505 9	0.700 0	0.476 2
	集约高效	0.998 4	0.928 0	0.844 9	0.945 8	0.966 6	0.621 7	0.723 3	0.542 6	0.891 7
	生态文明	0.238 5	0.524 9	0.370 0	0.448 7	0.314 3	0.408 7	0.502 7	0.630 9	0.526 6
	文化传承	0.872 3	0.183 4	0.078 5	0.054 2	0.072 7	0.065 4	0.082 2	0.073 5	0.130 7
	综合指数	0.724 6	0.315 5	0.205 0	0.190 8	0.198 4	0.223 8	0.191 1	0.225 0	0.257 6
	等级	II	IV	IV	V	V	IV	V	IV	IV

5.2　新型城镇化综合指数灰色关联度分析

5.2.1　灰色关联度的计算方法

分别对吉林省、长春市新型城镇化评价指标原始数据进行标准化处理，运用灰色关联度分析法，分别基于省域、市域尺度对新型城镇化综合指数与其评价指标体系中个评价指标因子计算局部性灰色关联度，以新型城镇化综合指数为参考数列 X_0，各评价指标因子数列为比较数列 $X_i(k)$，衡量新型城镇化综合指数，在不同的时刻各比较数列与参考数列的关联系数 $\xi(x_i)$ [183]。可由下列公式算出：

$$\xi(x_i) = \frac{\Delta\min + \rho \times \Delta\max}{\Delta L_{ij} + \rho \times \Delta\max} \tag{5-9}$$

式中，$\Delta\max$ 和 $\Delta\max$ 分别为两级极大差和极小差；ΔL_{ij} 为参考序列与比较序列的变化量序列；$\rho \in (0, \infty)$ 称为分辨系数，ρ 越小，分辨力越大，当 $\rho \leqslant 0.563$ 时，分辨力最好，本研究取 $\rho = 0.563$。

关联系数作为各指标数列与新型城镇化综合指数数列在各个时刻的关联程度值，需要将其各个时刻的关联系数确定为一个值，应当求出其平均值，用来衡量各指标数列与新型城镇化综合指数数列间的关联程度[183]，关联度 r_i 公式如下：

$$r_i = \frac{1}{N} \times \sum_{k=1}^{N} \xi_i(x_i) \tag{5-10}$$

然后将得到的关联度进行排序，将各评价指标因子序列对新型城镇化综合指数这一母序列的关联度按大小顺序排列起来，便组成了关联序，它反映了各评价指标序列对于新型城镇化序列的"优劣"关系[183]。

5.2.2　基于省域尺度的综合指数与评价指标

2000—2014 年吉林省新型城镇化综合指数与其评价指标体系中各评价指标的关联度排名在前 10 名的因子见表 5-7。

表 5-7　基于省域尺度的综合指数与评价指标
关联序排名前 10 位因子

评价指标	城镇居民人均消费支出	城乡人均消费支出差异	工业废气排放总量	工业固体废物产生量	农村居民人均消费支出	城镇基本养老保险参保人数	人均城市道路面积	研究与试验发展人员折合全时当量	人均公园绿地面积	万人拥有医疗卫生机构数
关联系数	0.980 2	0.977 4	0.965 6	0.962 2	0.955 5	0.926 2	0.911 2	0.893 7	0.892 8	0.889 3

在排名前 10 位因子中，城镇居民人均消费支出和城乡人均消费支出差异是排名在前两位的因子，说明城镇生活水平与城乡发展差距与吉林省新型城镇化关系十分密切。第三位、第四位和第九位的三个因子分别为工业废气排放总量、工业固体废物产生量、人均公园绿地面积，均是反映生态文明方面的指标，由此可见，生态文明是新型城镇化推进的重要指针。农村居民人均消费支出是排名第五位的因子，表明农村发展状况对于新型城镇化推进具有重要的影响。第六位、第七位和第十位的因子分别为城镇基本养老保险参保人数、人均城市道路面积、万人拥有医疗卫生机构数，这三个指标分别表征保险保障、基础设施、医疗卫生，代表着新型城镇化"以人为本"的公共基础服务，这也是新型城镇化发展的重要表现。另外，研究与试验发展人员折合全时当量指标处于排名第八位，这一指标出自文化传承的科技成果方面，这也表明区域科学技术研究成果与新型城镇化发展密切相关。从吉林省域尺度来看，新型

城镇化综合指数与以人为本、统筹城乡、生态文明三个方面关系更为密切，相比较而言与集约高效、文化传承关系弱于前面三个方面。

5.2.3　基于市域尺度的综合指数与评价指标

2000—2014 年长春市新型城镇化综合指数与其评价指标体系中各评价指标的关联度排名在前 10 名的因子见表 5-8。

表 5-8　基于市域尺度的综合指数与评价指标
关联序排名前 10 位因子

评价指标	城镇居民人均消费支出	城乡人均消费支出差异	城镇基本养老保险参保人数	工业固体废物产生量	人均城市道路面积	人均公园绿地面积	工业企业研究与试验发展人员	公共图书馆藏书	农村居民人均消费支出	工业废水排放量
关联系数	0.986 5	0.984 7	0.982 1	0.979 9	0.979 8	0.976 6	0.976 1	0.974 2	0.966 9	0.957 7

在排名前 10 为的因子中，居于前两位的因子分别为城镇居民人均消费支出、城乡人均消费支出差异，另外农村居民人均消费支出这一指标居于第九位，这三项指标均是反映城镇居民生活水平、农村发展状况、城乡发展差距的方面的具体指标，由此可见，从长春市域尺度来看，城镇生活水平、农村区域发展以及城乡差距与新型城镇化关系十分密切，这与吉林省情况基本一致。第三位、第五位因子为城镇基本养老保险参保人数、人均城市道路面积，这说明在新型城镇化"以人为本"方面，保险保障和基础设施与新型城镇化关系密切。工业固体废物产生量、人均公园绿地面积、工业废水排放量分别处于第四位、第六位和第十位，这三项指标均是表征新型城镇化推进的三废排放指数和资源环境状况，这也说明生态文明对于新型城镇化的实现具有重要的影

响。另外，工业企业研究与试验发展人员、公共图书馆藏书分别处于第七位和第八位，均属于新型城镇化的"文化传承"方面，这表明文化图书、科技研究成果与新型城镇化的密切关系。从长春市域尺度来看，新型城镇化综合指数与以人为本、统筹城乡、生态文明三个方面关系更为密切，相比较而言与集约高效、文化传承关系弱于前面三个方面，这与吉林省域尺度的研究结果基本一致。

5.3　新型城镇化各子系统变化趋势

5.3.1　吉林省新型城镇化各子系统

根据表5-5，绘制2000—2014年吉林省新型城镇化的以人为本、统筹城乡、集约高效、生态文明、文化传承子系统的变化趋势图，见图5-1、图5-2。

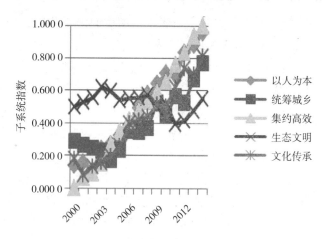

图 5-1　吉林省新型城镇化各子系统变化趋势

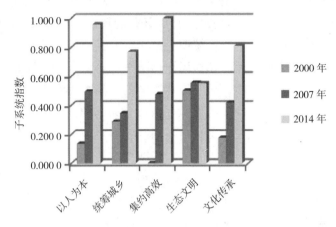

图 5-2　吉林省新型城镇化各子系统指数

（2000 年、2007 年、2014 年）

在 2000 年吉林省新型城镇化子系统中，得分最高的是生态文明子系统，其次是统筹城乡、文化传承子系统，相对较低的为以人为本、集约高效子系统；在 2007 年新型城镇化子系统中，得分最高的仍然是生态文明子系统，其次是以人为本、集约高效子系统，相对较低的是统筹城乡、文化传承子系统；在 2014 年新型城镇化子系统中，得分最高的是集约高效子系统，其次是以人为本、统筹城乡、文化传承子系统，相对较低的是生态文明子系统。从吉林省新型城镇化各子系统演化趋势来看，2000—2014 年，以人为本子系统指数从 0.135 2 增长到 0.958 1，统筹城乡子系统指数从 0.288 2 增长到 0.768 4，集约高效子系统从 0.000 0 增长到 1.000 0，生态文明子系统从 0.500 7 增长到 0.551 2，文化传承子系统从 0.175 6 增长到 0.810 4。

吉林省新型城镇化各子系统均有不同程度的巩固和提高，从上升幅度来看，集约高效＞以人为本＞文化传承＞统筹城乡＞生态文明。集约高效子系统的大幅度提升主要得益于研究期内吉林省二、三产业占 GDP 比重，二、三产业从业人员比重的稳步增加，以及吉林省万元 GDP 能耗、万元 GDP 能耗的明显降低；以人为本子系统明显改善，究其原因，吉林省城镇化发展进程中侧重于城镇居民生活水平的有效提升，城镇基本医疗保险、养老保险、公共医疗服务的均衡覆盖和普及，另外吉林省在公共安全的防范保障，城镇公共基础设施建设、维护等方面工作卓有成效；文化传承和统筹城乡两方面也有一定程度的改善和提升，但是吉林省未来新型城镇化推进仍需关注城乡协调发展，重点关注吉林省农业增收、农村发展与农民致富等方面的问题，以缩小城乡收入差距，实现城乡统筹发展；吉林省新型城镇化生态文明方面存在明显问题，研究期内生态文明方面发展最为缓慢，增长幅度最小，究其原因，吉林省历年工业三废排放量居高不下，而且还有逐渐增加的趋势，这对于吉林省生态文明建设，新型城镇化发展产生了明显的负面影响，另外吉林省建成区绿化覆盖率、自然保护区面积以及人均公园绿地面积等方面指标发展较为缓慢，这也从一定程度上制约了吉林省生态文明建设的有效推进。研究期内，集约高效、以人为本在吉林省新型城镇化进程中越来越显著，发展形势较好，统筹城乡和生态文明方面发展水平相对滞后，需要进一步促进这两方面的城镇化发展。

5.3.2 长春市新型城镇化各子系统

根据表 5-5，绘制 2000—2014 年长春市新型城镇化的以人为本、统筹城乡、集约高效、生态文明、文化传承子系统的变化趋势图，见图 5-3、图 5-4。

在 2000 年长春市新型城镇化子系统中，得分最高的是生态文明子系统，其次是统筹城乡、以人为本子系统，相对较低的为

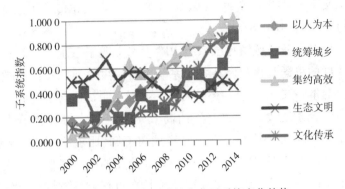

图 5-3　长春市新型城镇化各子系统变化趋势

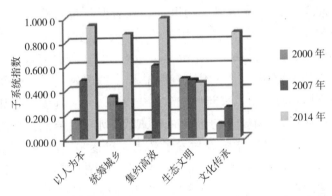

图 5-4　长春市新型城镇化各子系统指数（2000 年、2007 年、2014 年）

文化传承、集约高效子系统；在 2007 年新型城镇化子系统中，得分最高是集约高效子系统，其次是以人为本、生态文明子系统，相对较低的是统筹城乡、文化传承子系统；在 2014 年新型城镇化子系统中，以人为本、统筹城乡、集约高效文化传承子系统明显、普遍提升，而生态文明子系统明显偏低。从吉林省新型城镇化各子系统演化趋势来看，2000—2014 年，以人为本子系统指数从 0.158 2 增长到 0.940 2，统筹城乡子系统指数从 0.348 5 增长到 0.864 5，集约高效子系统从 0.041 8 增长到 0.995 1，生态文明子系统从 0.493 4 减少到 0.457 3，文化传承子系统从 0.114 6 增长到 0.875 7。

长春市新型城镇化子系统中除生态文明子系统外，均有不同程度的巩固和提高。从各子系统上升幅度来看，集约高效＞以人为本＞文化传承＞统筹城乡＞生态文明，这与吉林省新型城镇化子系统高度一致。集约高效子系统的大幅度提升主要得益于研究期内长春市二、三产业占 GDP 比重稳步增加，以及长春市万元 GDP 能耗、万元 GDP 能耗的明显降低；以人为本子系统的明显改善，主要得益于长春市在吉林省城镇化发展宏观政策、制度环境的影响下，稳步提升城镇居民生活水平，逐步完善、普及城镇居民的医疗、养老保险覆盖范围，推动城镇常住居民实现公共基础服务的均衡化，同时长春市在城市基础设施建设，公共安全防范与保障等方面工作卓有成效；文化传承和统筹城乡子系统均有明显程度的改善，尤其是统筹城乡方面，长春市未来新型城镇化建设需加大关注城乡一体化的发展体制、机制，稳步提高农业现代化水平、有利改善农村生产、生活条件，增强农村发展活力，以逐步缩小城乡差距，促进城乡共同繁荣发展；而生态文明子系统呈现多年小幅度起伏波动并有一定程度的下滑，究其原因，长春市工业三废排放发展形势不太理想，三废指数呈现常年波动趋势，且总体上趋于增加，不利于长春市生态环境的改善，另外，长春市建成区绿化覆盖率、造林总面积指标增长缓慢，这也严重束缚了生态环境质量的提升，生态文明有力推进是长春市新型城镇化推进的重要工作之一，未来应实行严格的资源开发节约利用和生态环境保护制度，设定并严守资源消耗上线、环境质量底线、生态保护红线，加强源头管控、过程监管和绩效考核，形成生态文明建设的制度硬约束，促进生态环境质量的明显提升。

5.3.3　9 地市（州）新型城镇化各子系统

（1）以人为本子系统

2000—2014 年，吉林省 9 地市（州）以人为本子系统均有不同程度、不同方向的发展变化。其中，长春市、吉林市、四平市、辽源市、白山市 3 时期持续提升，呈阶梯式递增态势；通化市、松原市、白城市、延边朝鲜族自治州 3 时期先降后升，呈 V 形曲折递增态势。以人为本子系统指数最高区域与最低区域之间的差距由 2000 年的 0.249 0 增加到 2007 年的 0.339 0，到 2014 年增至 0.382 4，9 地市（州）以人为本子系统地域差异特征趋于显著。2000 年，延边朝鲜族自治州以人为本子系统指数在全省优势尤为突出，其他 8 地市（州）相比差距较小，分布较为均衡。2007 年，长春市超过延边朝鲜族自治州成为吉林省 9 地市（州）人为本子系统指数最高区域，吉林市、白山市、延边朝鲜族自治州居于第二梯队，其他 5 地市（州）差距相对较小，属于第三梯队，此期间表现出显著地梯度集中趋势。2014 年，9 地市

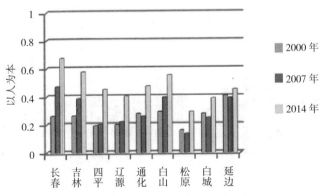

图 5-5　9 地市（州）以人为本子系统变化趋势

（2000 年、2007 年、2014 年）

（州）以人为本子系统均有不同程度的提升，长春市、吉林市、白山市表现较突出，延边朝鲜族自治州提升幅度最小。

（2）统筹城乡子系统

2000—2014 年，吉林省 9 地市（州）以统筹城乡子系统均有不同程度、不同方向的发展变化。其中，长春市、吉林市、通化市、松原市、延边朝鲜族自治州 3 时期先升后降，呈倒 V 形递减态势；四平市、白山市、白城市 3 时期持续提升，呈阶梯式递增态势；辽源市 3 时期先降后升，呈 V 形曲折递增态势。统筹城乡子系统指数最高区域与最低区域之间的差距由 2000 年的 0.515 2 下降到 2007 年的 0.431 4，到 2014 年增至 0.640 4，9 地市（州）统筹城乡子系统地域差异特征趋于显著。2000 年，四平市统筹城乡子系统在全省优势最为突出（为 0.518 8），白城市为最低区域（仅为 0.006 5），其他地市（州）统筹城乡子系统指数相处较小，分布比较均衡。2007 年，通化市超过四平市成为吉林省 9 地市（州）统筹城乡子系统指数最高区域，（达 0.778 4）；其他地市（州）也表现较为显著提升态势，此阶段地

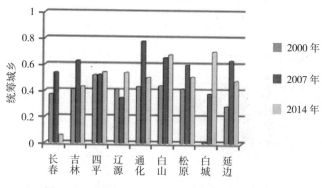

图 5-6　9 地市（州）统筹城乡子系统变化趋势
（2000 年、2007 年、2014 年）

域差异性有所减小。2014 年，9 地市（州）统筹城乡子系统变化
方向、变化幅度的区域差异特征极其显著，通化市、吉林市、长
春市表现出明显下降趋势，而白城市、辽源市表现出明显的上升
趋势，这说明 9 地市（州）统筹城乡子系统地域差异特征趋于
显著。

（3）集约高效子系统

2000—2014 年，吉林省 9 地市（州）高效集约子系统表现
出不同方向、不同程度的发展变化。其中，长春市、吉林市、通
化市、延边朝鲜族自治州 3 时期持续提升，呈阶梯式递增态势，
且以后期提升趋势明显；四平市、辽源市、白山市、松原市、白
城市 3 时期先降后升，呈 V 形曲折递增态势，同样表现出后期
显著提升态势。集约高效子系统最高区域与最低区域之间的差距
由 2000 年的 0.423 4 增加到 2007 年的 0.467 2，到 2014 年下降
至 0.455 8，9 地市（州）集约高效子系统区域间差异有所减小。
2000 年，9 地市（州）集约高效子系统梯度集中特征较为明显，
长春市、辽源市、白城市为较高区域，四平市、白山市、松原市

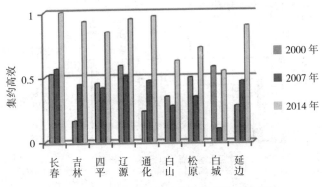

图 5-7　9 地市（州）集约高效子系统变化趋势
（2000 年、2007 年、2014 年）

为中等区域，吉林市、通化市、延边朝鲜族自治州为较低区域。2007 年，9 地市（州）集约高效子系统变化程度、方向差异较大，但子系统指数更为集中，差距明显减小，仅白城市呈现大幅度下降，由 2000 年的 0.542 6 降至 2007 年的 0.097 4。2014 年，9 地市（州）集约高效子系统均出现较大幅度的提升，长春市为 9 地市（州）集约高效子系统指数最高区域，白城市也有明显回升，基本接近 2000 年水平。

（4）生态文明子系统

2000—2014 年，吉林省 9 地市（州）以生态文明子系统均有不同程度、不同方向的发展变化，变化形式较多。其中，长春市、通化市、松原市 3 时期先升后降，呈倒 V 形曲折递减态势；吉林市、四平市、辽源市、延边朝鲜族自治州 3 时期持续提升，呈阶梯式递增态势；白山市、白城市 3 时期先降后升，呈 V 形曲折递增态势。生态文明子系统最高区域与最低区域之间的差距由 2000 年的 0.594 5 下降至 2007 年的 0.237 5，到 2014 年增至 0.392 4，9 地市（州）生态文明子系统地域间差异有所减小。

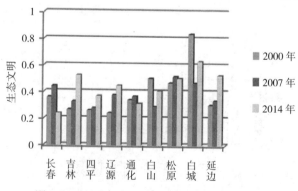

图 5-8　9 地市（州）生态文明子系统变化趋势
（2000 年、2007 年、2014 年）

2000 年，白城市生态文明子系统指数高达 0.836 9，居于吉林省 9 地市（州）首位，其次是白山市、松原市处于中等水平，其他地市（州）普遍较低。2007 年，白城市、白山市生态文明子系统指数出现明显下滑，其他地市（州）均表现出上升趋势，9 地市（州）生态文明子系统区域间差异性有所减小。2014 年，白城市、吉林市、延边朝鲜族自治州生态文明子系统指数较高，长春市、通化市生态文明子系统指数偏低，且表现出此阶段明显的下降趋势。

（5）文化传承子系统

2000—2014 年，吉林省 9 地市（州）文化传承子系统发展演化区域差异特征尤为显著，变化形式表现出，以长春市、吉林市为典型的阶梯式递增态势；以白山市为典型的 V 形曲折递增态势；以白城市为典型的倒 V 形曲折递减态势。文化传承子系统最高区域与最低区域之间的差距由 2000 年的 0.324 7 增加到 2007 年的 0.556 9，继而持续增加到 2014 年的 0.818 1，9 地市（州）生态文明子系统地域间差异逐渐增大。2000—2014 年，长春市始终是吉林省 9 地市（州）文化传承子系统指数最高区域，

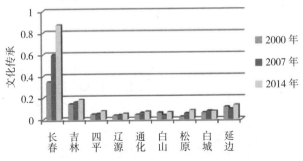

图 5-9　9 地市（州）文化传承子系统变化趋势

（2000 年、2007 年、2014 年）

且 3 时期均呈现显著提升态势，其余 8 地市（州）表现出不同的
变化形式，但是变化幅度均较小，吉林省 9 地市（州）文化传承
子系统极化特征趋于显著，以长春市为增长极，其余 8 地市
（州）明显偏低。

5.4　新型城镇化综合指数时空演变

5.4.1　吉林省综合指数时间变化

由表 5-5 和图 5-10 可以看出，研究期内，吉林省新型城镇
化综合指数由 2000 年的 0.207 9 增至 2014 年的 0.838 1，其新
型城镇化水平由较低水平（Ⅳ类）逐步发展至高水平（Ⅰ类）。
近 15 年增长了约 3.03 倍，研究期年平均增长率达 10.806 9%，
持续上升趋势较为明显。吉林省新型城镇化发展经历了"W 形"
波动提升初期（2000—2005 年）—"左凸形"急剧提升中期
（2005—2009 年）—"右凸形"稳健提升后期（2009—2014 年），
基本呈现增长态势，这说明吉林省城镇化发展质量不断优化，新
型城镇化水平不断提高。

2000—2005 年，吉林省新型城镇化综合指数从 0.207 9 增长
到 0.332 9，初期年均增长率为 10.572 9%，略高于研究期年平
均增长率（10.806 9%），在此期间，吉林省新型城镇化综合指
数历年波动起伏，但幅度相对较小，其演变趋势大致呈"W 形"
波动，其中 2003 年尤为突出，其年均增长率高达 32.757 1%，
主要得益于 2003 年东北振兴战略的有力实施；另外，依据新型
城镇化综合指数的类型划分可知，在吉林省新型城镇化发展的波
动提升初期，其综合指数均属于较低水平（Ⅳ类）。

2005—2009 年，吉林省新型城镇化综合指数从 0.332 9 增长
到 0.566 8，中期年均增长率为 14.488 4%，远高于略高于研究

期年平均增长率（10.806 9%），在此期间，吉林省新型城镇化综合指数历年提升明显，且幅度相对较大，其演变趋势大致呈"左凸形"提升，其中 2006 年较为突出，其年均增长率达 24.2858%，而且此阶段每年的年均增长率均高于研究期年平均增长率（10.806 9%）；另外，依据新型城镇化综合指数的类型划分可知，在吉林省新型城镇化发展的急剧提升中期，2005 年属于较低水平（IV类），2006—2009 年提升至中等水平（III类）。

2009—2014 年，吉林省新型城镇化综合指数从 0.566 8 增长到 0.838 1，后期年均增长率为 8.692 4%，尽管低于研究期年平均增长率（10.806 9%），但是由于此阶段每年的年均增长率围绕研究期年平均增长率上下波动，且相差并不悬殊，因此，吉林省新型城镇化综合指数此阶段稳定提升，但幅度相对较小，其演变趋势大致呈"右凸形"提升；另外，依据新型城镇化综合指数的类型划分可知，在吉林省新型城镇化发展的稳健提升后期，2009—2010 年属于中等水平（III类），2011—2013 年提升至较高水平（II类），2014 年提升至高水平（I类）。

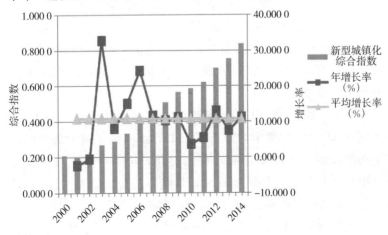

图 5-10　吉林省新型城镇化综合指数及增长率

5.4.2 长春市综合指数时间变化

由表 5-5 和图 5-11 可以看出，研究期内，长春市新型城镇化综合指数由 2000 年的 0.219 4 增至 2014 年的 0.834 7，其新型城镇化水平由较低水平（Ⅳ类）逐步发展至高水平（Ⅰ类）。近 15 年增长了约 2.8 倍，研究期年平均增长率达 10.452 6%，持续上升趋势尤为明显。长春市新型城镇化发展经历了"W 形"稳健提升初期（2000—2006 年）—"左凹形"迅速提升中期（2006—2010 年）—"W 形"稳健提升后期（2010—2014 年），基本呈现增长态势，这说明长春市城镇化发展质量不断优化，新型城镇化水平不断提高。

2000—2006 年，长春市新型城镇化综合指数从 0.219 4 增长到 0.407 2，初期年均增长率为 11.551 6%，略高于研究期年平均增长率（10.452 6%），在此期间，长春市新型城镇化综合指数稳定提升，幅度相对较大，其演变趋势大致呈"W形"波动，其中 2003 年表现突出，其年均增长率高达 31.885 2%，这与吉林省同期变动相一致；另外，依据新型城镇化综合指数的类型划分可知，在长春市新型城镇化发展的稳健提升初期，2000—2005 年属于较低水平（Ⅳ类），2006 年提升至中等水平（Ⅲ类）。

2006—2010 年，长春市新型城镇化综合指数从 0.407 2 增长到 0.619 5，中期年均增长率为 13.147 7%，高于研究期年平均增长率（10.452 6%），在此期间，长春市新型城镇化综合指数明显提升，且幅度较大，其演变趋势大致呈"左凹形"提升，其中 2010 年尤为突出，其年均增长率达 26.401 0%，而且此阶段每年的年均增长率围绕围绕研究期年平均增长率上下波动，相差尤为悬殊；另外，依据新型城镇化综合指数的类型划分可知，在长春市新型城镇化发展的迅速提升中期，2006—2009 年属于中等水平（Ⅲ类），2010 年提升至较高水平（Ⅱ类）。

2010—2014 年，长春市新型城镇化综合指数从 0.619 5 增长到 0.834 7，后期年均增长率为 11.5174%，略高于研究期年平均增长率（10.4526%），在此期间，长春市新型城镇化综合指数稳定提升，幅度相对较大，其演变趋势大致呈"W形"波动，其中 2010 年年均增长率偏高，其他年份与研究期年平均增长率相差并不悬殊；另外，依据新型城镇化综合指数的类型划分可知，在长春市新型城镇化发展的稳健提升后期，2010—2013 年属于较高水平（Ⅱ类），2014 年提升至高水平（Ⅰ类）。

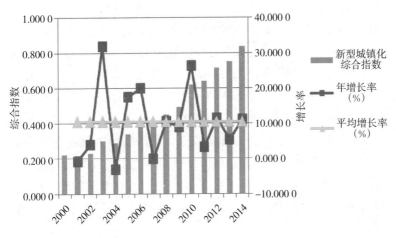

图 5-11 长春市新型城镇化综合指数及增长率

5.4.3 9 地市（州）综合指数时空变化

选择 2000 年、2007 年、2014 年三个时间截面，根据 3 时期

9 地市 (州) 新型城镇化综合指数及等级绘制图 5-13 和图 5-14,据此进行归纳总结,分析 9 地市 (州) 新型城镇化发展的时空演变特征。由图 5-12、图 5-13 可见,9 地市 (州) 新型城镇化发展呈现以下特点。

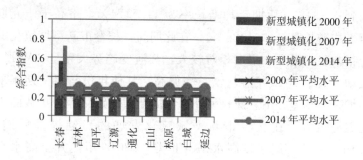

图 5-12　9 地市 (州) 综合指数变化趋势 (2000 年、2007 年、2014 年)

9 地市 (州) 新型城镇化发展尚属初级阶段,长春市新型城镇化水平提升尤为显著,其他地区提升缓慢,地区差距趋于增大。2000 年新型城镇化水平最高区域为长春市 (0.331 4) 最低区域为松原市 (0.170 5);2007 年新型城镇化水平最高区域为长春市 (0.562 1),最低区域为四平市 (0.153 6);2014 年新型城镇化水平最高区域为长春市 (0.724 6),最低区域为辽源市 (0.190 8)。长春市作为吉林省省会,其新型城镇化发展水平始终处于全省首位,而 3 时期最低区域均有变化。城镇化水平最高区域与最低区域之间的差距从 2000 年的 0.160 9 增加到 2007 年的 0.408 5,又增至 2014 年的 0.533 8,区域差异趋于增大,如图 5-12 所示。

通过分析 3 时期 9 地市 (州) 新型城镇化水平与同期省平均水平的差距,发现研究区新型城镇化发展区域极化趋势明显。2000 年,吉林省平均水平为 0.223 4,其中长春市、白城市、延边朝鲜族自治州高于吉林省平均水平,吉林市、白山市与吉林省平均水平大致相当,四平市、辽源市、通化市、松原市明显低于吉林省平均水平，9 地市（州）新型城镇化水平呈现梯形均衡发展格局；2007 年，吉林省平均水平为 0.238 7，其中长春市明显高于吉林省平均水平，吉林市、延边朝鲜族自治州与吉林省平均水平大致相当，四平市、辽源市、通化市、白山市、松原市、白城市明显低于吉林省平均水平，9 地市（州）新型城镇化水平呈现金字塔形分化发展格局；2014 年，吉林省平均水平为 0.281 3，其中，长春市显著高于吉林省平均水平，吉林市、延边朝鲜族自治州与吉林省平均水平大致相当，四平市、辽源市、通化市、白山市、松原市、白城市明显低于吉林省平均水平，9 地市（州）新型城镇化水平呈纺锤型极化发展格局。总体来看，2000—2014 年，吉林省 9 地市（州）新型城镇化发展区域极化趋势明显。

通过分析 3 时期 9 地市（州）新型城镇化水平的具体类型，发现研究区新型城镇化发展总体趋好的发展态势，如图 5-14 所示。2000 年吉林省 9 地市（州）新型城镇化发展水平普遍偏低，属于较低水平（Ⅳ类）和低水平（Ⅴ类），其中，长春市、吉林市、白山市、延边朝鲜族自治州、白城市为较低水平（Ⅳ类），松原市、四平市、辽源市、通化市为低水平（Ⅳ类）；2007 年，吉林省 9 地市（州）新型城镇化发展较为缓慢，吉林中部的长春市提升较为明显，由较低水平（Ⅳ类）发展至中等水平（Ⅲ类），吉林西部的白城市、东部的白山市明显下降，由较低水平（Ⅳ类）降至低水平（Ⅴ类），其他地区发展类型保持不变；2014 年，吉林中部长春市提升明显，由中等水平（Ⅲ类）增至较高水平（Ⅱ类），吉林西部的白城市、四平市，吉林东部的白山市有所提升，由低水平（Ⅴ类）增至较低水平（Ⅳ类）。从吉林省 9 地市（州）新型城镇化发展类型来看，2000—2014 年，研究区新型城镇化发展较为缓慢，但总体呈趋好态势。

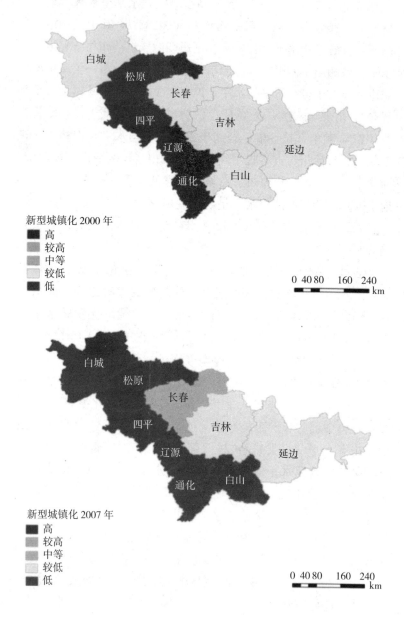

新型城镇化 2000 年
- ■ 高
- 较高
- 中等
- 较低
- ■ 低

0 40 80 160 240
km

新型城镇化 2007 年
- ■ 高
- 较高
- 中等
- 较低
- ■ 低

0 40 80 160 240
km

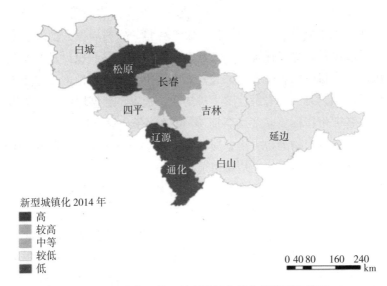

图 5-13 9 地市（州）新型城镇化综合指数时空演变
（2000 年、2007 年、2014 年）

5.5 本章小结

　　基于前几章关于新型城镇化的相关基础理论和影响因素的理论分析，科学、合理构建吉林省新型城镇化综合评价指标体系，选取实证研究中评价指标权重及综合指数测算的具体方法，引入灰色关联度分析法以探究吉林省和长春市新型城镇化综合指数与其评价指标的灰色关联度，在此基础上，系统分析了 2000—2014 年吉林省域和长春市域新型城镇化综合指数及其各子系统指数时序演变特征，吉林省 9 地市（州）3 时期横向截面的新型城镇化综合指数和各子系统指数的时空演变特征。研究结果表明：

　　吉林省新型城镇化综合指数与各评价指标的关联度排名前

10 位的因子：城市居民人均消费支出、城乡人均消费支出差异、工业废气排放总量、工业固体废物产生量、农村居民人均消费支出、城镇基本养老保险参保人数、人均城市道路面积、万人拥有医疗卫生机构数、研究与试验发展人员折合全时当量、人均公园绿地面积、万人拥有医疗卫生机构数。长春市新型城镇化综合指数与各评价指标关联度排名前 10 位的因子：城市居民人均消费支出、城乡人均消费支出差异、城镇基本养老保险参保人数、工业固体废物产生量、人均城市道路面积、人均公园绿地面积、工业企业研究与试验发展人员、公共图书馆藏书、农村居民人均消费支出、工业废水排放量。

2000—2014 年，吉林省城镇化发展质量趋于优化，新型城镇化水平不断提高。研究期内，吉林省新型城镇化综合指数年平均增长率达 10.81％，经历了"W 形"波动提升初期（2000—2005 年）—"左凸形"急剧提升中期（2005—2009 年）—"右凸形"稳健提升后期（2009—2014 年）。

2000—2014 年，长春市城镇化发展波动震荡但总体趋好，新型城镇化水平有所提升。研究期内，长春市新型城镇化综合指数年平均增长率达 10.45％，经历了"W 形"波动提升初期（2000—2006 年）—"左凹形"迅速提升中期（2006—2010 年）—"W 形"震荡提升后期（2010—2014 年）。

2000—2014 年，吉林省 9 地市（州）新型城镇化水平空间差异显著。长春市水平最高且提升明显，其他地区相对偏低且发展缓慢；通过分析 3 时期 9 地市（州）新型城镇化水平与同期省平均水平的差距可知，3 时期 9 地市（州）逐步呈现出梯形均衡发展格局、金字塔形分化发展格局、纺锤型极化发展格局，区域极化特征尤为明显；通过分析其具体类型可知，区域新型城镇化发展缓慢，但总体呈趋好态势。

第6章 吉林省土地健康 利用测度

　　土地作为城镇化发展的空间载体，对城镇化作用强度不断增加，与城镇化发展关系日益密切，而且涉及国家粮食安全和社会稳定[182]。土地利用与城镇发展是一对矛盾统一体，是相互影响、相互作用的互动关系[183]。吉林省位于中国东北中部，面积18.74万 km²。现辖1个副省级城市，7个地级市和1个自治州，各地区自然环境、资源禀赋、城市发展、经济基础等方面差异显著。吉林省不仅是我国重要的老工业基地，也是我国重要的粮食主产区，承担着国家粮食安全的重任。在未来新型城镇化规划引导下，城乡空间形态优化重构，同时带动吉林省都市群城镇区、农业主产区、生态功能主导区功能互补、共生发展，以引导人口分布与经济基础、资源环境相协调发展。立足当前，吉林省快速城镇化进程推进，建设用地需求加剧，土地生态功能削弱，水土流失加剧，黑土退化严重，土地利用系统健康状况有待改善。未来吉林省对土地资源保护应从被动整治转向主动预防，土地健康利用测度即为重点研究内容之一[184]。

6.1 土地健康利用评价指标及方法

6.1.1 评价指标体系的构建

　　本书关于土地健康利用评价源自于国内学者提出的土地利用系统健康评价，其内涵也由其引申而来[160-169]。即以整个区域土地利用系统为评价对象，针对自然生态子系统和社会经济子系统复合而成的生态经济巨系统，以人类社会的可持续发展为目标，基于 PSR 概念框架，从土地利用系统的人类经济活动压力强度、承载社会经济发展状态水平，采取经济、政策、法律、技术等响应措施这三方面进行综合评价，诊断由自然生态环境约束和人类社会经济活动影响下的区域土地利用系统健康综合水平，以便发出预警，为管理者提供决策。

为客观、全面地评价吉林省土地健康利用状况，本书在遵循科学性、系统性、可操作性和完备性等原则的基础上，引入联合国 OECD 和 UNEP 提出的 PSR（压力-状态-响应框架），参考国内外权威文献，构建基于 PSR 框架模型的评价体系[159-184]。该模型以因果关系为基础，即人类活动对环境施加一定的压力；环境改变了其原有的性质或自然资源的数量（状态）；人类社会采取一定的措施对这些变化作出反应，以恢复环境质量或防比环境退化；它突出了环境受到的压力和环境退化之间的因果关系，压力、状态、响应 3 个环节相互制约、相互影响，正是决策和制定对策措施的全过程。因此，笔者借鉴 PSR 概念模型作为土地利用系统健康评价指标体系的基本框架：人口增长、社会经济发展给土地利用系统带来巨大的压力（P）；人类不断开发资源，通过社会经济活动向土地利用系统排放污染，改变了土地利用系统结构与功能状态（S）；压力之下，土地利用系统在原有状态基础上做出反应，同时反馈于社会经济的发展过程；人类对土地利用系统的反馈进一步做出响应（R），进行政策调整、环境保护等，改善土地利用系统状态，使之保持良好的结构与功能，进而实现可持续发展。

一般而言，对于构建评价指标体系，选择相应的评价指标，必须遵循客观性、完整性、稳定性、有效性等普遍原则。由于衡量区域土地利用系统健康的评价指标涉及学科丰富、领域广泛、种类繁多，除了满足普遍原则以外，其指标筛选必须达到以下目标：首先，指标体系能够充分反映区域土地利用系统健康状况；其次，以土地利用系统的机构、功能、效益的系统属性为基础，对人地交互作用下土地利用系统状况进行动态监测，探究土地利用系统健康变化的原因；再次，定期提供区域土地利用系统健康状况、变化及发展趋势的科研专项报告，以满足地区政府管控、学术科研、公众参与的要求。因此，区域土地利用系统健康评价指标选择还应遵循以下原则：

综合性。区域土地利用系统内部，及内部各组分之间相互联系、相互影响，要说明这些问题，仅从系统的结构、功能和效益方面考虑不够全面，更应该综合考虑人地交互作用下，影响区域土地利用系统结构、功能、效益等系统属性发生演化的动力机制。

空间尺度适合性。空间尺度涉及特定地区的空间大小，尤其是指标可以发展到全球、大陆、国家、区域或地方尺度。那么，对于区域土地利用系统健康评价指标应该定向于空间尺度上承上启下的地位。

指标范畴恰当性。基于"DPSIR"概念模型构建的区域土地利用系统健康评价框架，对于所筛选评价指标，需整体考虑影响区域土地利用系统健康演化的驱动力、压力、状态、影响和响应五个方面，仔细斟酌划入相应归类。

简明性和可操作性。指标概念明确，易测易得。为保证评价指标的准确性和完整性，评价指标要可测量，数据便于统计和计算，有足够的数据量。

规范性。土地利用系统健康评价是一项长期性工作，所获取的数据和资料无论在时间上还是空间上，都应具有可比性。因而，所采用的指标的内容和方法都必须做到统一和规范，不仅能对某一区域的土地利用系统进行评价，而且要适合于不同地域土地利用系统间的比较，确保其具有一定的科学性。

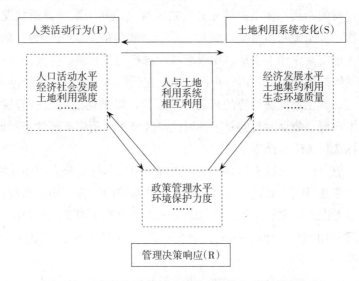

图 6-1　吉林省土地利用系统健康评价的 PSR 模型框架

从土地利用系统健康评价指标体系的基本框架出发，在参考相关文献的基础上，结合土地健康利用的内涵本质，按照科学性、系统性、层次性、可获取性和可测量性等原则，从压力、状态、响应 3 个方面，分别构建吉林省土地健康利用评价指标体系（2000—2014 年）、长春市土地健康利用评价指标体系（2000—2014 年）、9 地市（州）土地健康利用评价指标体系（2000 年、2007 年、2014 年）[159-184]。系统压力即采取适当的人口政策、土地利用策略，使经济社会发展维持在不对土地利用系统施以过大压力的状态，用人口活动水平、社会经济发展压力和土地利用强度来表征；系统状态反映土地利用系统当前的健康状态，反映的是土地利用系统对压力和冲突的抗干扰能力和适应能力，通过社会经济发展水平、土地集约利用情况与生态环境质量来反映；系统响应表明人类社会作出相应的政策保护对策和环境治理手段，促进土地利用系统朝着健康的方向发展，实现土地可持续利用，通过区域环境保护力度来反映[159-184]。

6.1.2　数据来源

上述评价指标体系分别以吉林省、长春市以及吉林省下辖9地市（州）为研究对象，研究数据跨度为2000—2014年，评价指标数据主要来源于相应年份的《中国统计年鉴》、《中国城市统计年鉴》、《中国城市建设统计年鉴》、《中国城乡建设统计年鉴》、《中国区域经济统计年鉴》、《中国国土资源统计年鉴》、《中国国土资源年鉴》、《吉林统计年鉴》、《吉林调查资料汇编》、《吉林省国民经济与社会发展统计公报》、《吉林省国土资源统计公报》、9地市（州）的统计年鉴、城镇土地利用变更调查数据、其他相关部门的统计资料和实地调查资料，部分缺失数据通过插值法获得，评价所使用部分数据由原始数据计算处理获得。

6.1.3　指标权重及综合指数确定

土地健康利用与新型城镇化确定指标权重的方法相同，均采用熵值法。对2000—2014年吉林省、长春市以及吉林省9地市（州）土地健康利用评价指标体系的原始数据分别进行无量纲化处理，按照熵值法原理，分别测算各评价指标的权重，结果如表6-1、表6-2、表6-3所示。

表 6-1　吉林省土地健康利用评价指标体系及权重（2000—2014 年）

目标层	准则层	因素层	指标层	权重
土地健康利用	压力	人口活动水平	人口密度（人/km²）	0.034 6
			人口自然增长率（‰）	0.086 6
		社会经济发展压力	城市化水平（%）	0.042 9
			GDP 年增长率（%）	0.030 7
			固定资产投资增长率（%）	0.027 5
		土地利用强度	土地垦殖率（%）	0.053 3
			土地利用率（%）	0.053 1
			建设用地比例（%）	0.021 2
	状态	社会经济发展水平	人均 GDP（元）	0.037 0
			城镇人均可支配收入（元）	0.065 9
			农民人均纯收入（元）	0.050 8
		土地集约利用状况	地均 GDP（10⁴元//km²）	0.064 5
			人均耕地面积（hm²）	0.065 4
			人均建设用地面积（m²）	0.054 9
		生态环境质量	水土流失治理率（%）	0.121 6
			森林覆盖率（%）	0.019 6
	响应	环境保护力度	工业固体废物综合利用率（%）	0.046 8
			城市污水处理率（%）	0.035 1
			自然保护区面积占辖区比重（%）	0.051 9
			教育投资强度（%）	0.022 1
			工业废水排放达标率（%）	0.014 5

表6-2　长春市土地健康利用评价指标体系及权重（2000—2014 年）

目标层	准则层	因素层	指标层	权重
土地健康利用	压力	人口活动水平	人口密度（人/km²）	0.028 2
			人口自然增长率（‰）	0.014 4
		社会经济发展压力	城市化水平（%）	0.021 9
			GDP 年增长率（%）	0.024 8
			固定资产投资增长率（%）	0.015 1
		土地利用强度	土地垦殖率（%）	0.043 3
			土地城镇化率（%）	0.032 4
	状态	社会经济发展水平	人均 GDP（元）	0.220 8
			城镇人均可支配收入（元）	0.052 0
			农民人均纯收入（元）	0.056 4
		土地集约利用状况	地均 GDP（10⁴元/km²）	0.058 5
			人均耕地面积（hm²）	0.034 1
			人均建设用地面积（m²）	0.040 9
		生态环境质量	空气质量优良率（%）	0.018 7
			森林覆盖率（%）	0.143 4
	响应	环境保护力度	工业固体废物综合利用率（%）	0.024 8
			城市污水处理率（%）	0.017 0
			科技投资强度（%）	0.077 2
			教育投资强度（%）	0.056 4
			工业废水排放达标率（%）	0.019 8

表 6-3　9 地市（州）土地健康利用评价指标体系及权重

（2000 年、2007 年、2014 年）

目标层	准则层	因素层	指标层	权重 2000	权重 2007	权重 2014
土地健康利用	压力	人口活动水平	人口密度（人/km²）	0.067 9	0.099 9	0.114 4
			人口自然增长率（‰）	0.006 2	0.012 7	0.049 4
		社会经济发展压力	城市化水平（%）	0.015 1	0.115 3	0.020 5
			GDP 年增长率（%）	0.031 3	0.003 7	0.000 1
			固定资产投资增长率（%）	0.040 2	0.002 7	0.004 6
		土地利用强度	土地垦殖率（%）	0.067 2	0.084 4	0.066 6
			土地城镇率（%）	0.059 0	0.084 5	0.089 6
	状态	社会经济发展水平	人均 GDP（元）	0.059 7	0.016 0	0.008 7
			城镇人均可支配收入（元）	0.074 4	0.000 6	0.001 6
			农民人均纯收入（元）	0.048 8	0.005 1	0.003 7
		土地集约利用状况	地均 GDP（10⁴元/km²）	0.114 1	0.095 1	0.085 6
			人均耕地面积（hm²）	0.054 6	0.073 9	0.093 3
			人均建设用地（m²）	0.048 3	0.053 3	0.051 0
		生态环境质量	人均公共绿地面积（km²）	0.043 2	0.060 1	0.014 3
			森林覆盖率（%）	0.066 5	0.122 5	0.133 9
	响应	环境保护力度	工业固体废物综合利用率（%）	0.046 8	0.040 2	0.021 0
			生活垃圾无害化处理率（%）	0.022 2	0.016 2	0.071 2
			污水集中处理率（%）	0.051 1	0.051 7	0.001 2
			科技投资强度（%）	0.056 2	0.062 2	0.094 1
			教育投资强度（%）	0.027 4	0.014 8	0.075 1

根据表 6-1、表 6-2、表 6-3 中各评价指标的权重值与该指标的标准化值相乘作为该指标的评价值，通过加权求和后，最终分别得到 2000—2014 年吉林省、长春市土地健康利用综合指数及其子系统指数，2000 年、2007 年、2014 年吉林省 9 地市（州）土地健康利用综合指数及其子系统指数。同时，本书将吉林省、

长春市及吉林省 9 地市（州）土地健康利用综合指数进行等级划分，其划分依据在详细研究相关文献的基础上，重点参考国内学者在土地利用系统健康研究中的等级划分标准[159-184]，同时结合本研究结果，咨询有关方面的专家，采用等间距划分法确定吉林省土地健康利用分级标准（表 6-4）。以上结果如表 6-5、表 6-6 所示。

表 6-4　吉林省土地健康利用分级标准

综合指数	0.8～1.0	0.6～0.8	0.4～0.6	0.2～0.4	0～0.2
等级	健康（Ⅰ）	亚健康（Ⅱ）	临界健康（Ⅲ）	不健康（Ⅳ）	病态（Ⅴ）

表 6-5　吉林省、长春市土地健康利用综合指数（2000—2014 年）

年份	吉林省土地健康利用指数					长春市土地健康利用指数				
	压力	状态	响应	综合指数	等级	压力	状态	响应	综合指数	等级
2000	0.2146	0.0351	0.0412	0.0989	Ⅴ	0.2362	0.0603	0.2037	0.1200	Ⅴ
2001	0.1706	0.0541	0.0532	0.0947	Ⅴ	0.2726	0.0786	0.1408	0.1257	Ⅴ
2002	0.2111	0.0694	0.1632	0.1350	Ⅴ	0.3011	0.0905	0.1814	0.1462	Ⅴ
2003	0.2144	0.0927	0.2288	0.1585	Ⅴ	0.3689	0.0922	0.2364	0.1702	Ⅴ
2004	0.2722	0.1508	0.2526	0.2106	Ⅳ	0.3923	0.1015	0.1749	0.1682	Ⅴ
2005	0.4331	0.1926	0.4004	0.3122	Ⅳ	0.3768	0.1146	0.2301	0.1844	Ⅴ
2006	0.4669	0.2361	0.4761	0.3578	Ⅳ	0.6211	0.1514	0.2823	0.2615	Ⅳ
2007	0.4547	0.2707	0.6031	0.3917	Ⅳ	0.6879	0.1769	0.8649	0.4032	Ⅲ
2008	0.4261	0.3166	0.6326	0.4088	Ⅲ	0.7022	0.2140	0.7673	0.4099	Ⅲ
2009	0.3870	0.3539	0.6866	0.4222	Ⅲ	0.7005	0.2456	0.6921	0.4147	Ⅲ
2010	0.4598	0.4226	0.7450	0.4906	Ⅲ	0.7132	0.2577	0.6710	0.4204	Ⅲ
2011	0.4779	0.5314	0.7468	0.5494	Ⅲ	0.7778	0.5427	0.5928	0.5948	Ⅱ
2012	0.4088	0.6913	0.8400	0.6178	Ⅱ	0.6839	0.5758	0.8087	0.6407	Ⅱ
2013	0.3996	0.7818	0.9604	0.6785	Ⅱ	0.7098	0.3811	0.8210	0.5262	Ⅲ
2014	0.6237	0.9614	0.8986	0.8326	Ⅰ	0.7307	0.7604	0.6322	0.7300	Ⅱ

表6-6　9地市（州）土地健康利用综合指数（2000年、2007年、2014年）

		长春	吉林	四平	辽源	通化	白山	松原	白城	延边
2000年	压力	0.608 6	0.303 3	0.396 2	0.463 6	0.258 2	0.369 4	0.306 5	0.211 2	0.165 7
	状态	0.329 4	0.208 4	0.162 6	0.277 0	0.312 6	0.174 6	0.195 7	0.292 8	0.233 3
	响应	0.360 8	0.259 0	0.264 3	0.364 5	0.350 5	0.177 1	0.344 2	0.412 0	0.133 6
	综合指数	0.309 9	0.215 0	0.207 8	0.257 4	0.224 0	0.231 0	0.202 2	0.197 5	0.175 9
	等级	IV	IV	IV	IV	IV	IV	IV	V	V
2007年	压力	0.655 2	0.329 5	0.410 4	0.472 6	0.226 7	0.201 1	0.283 5	0.174 2	0.325 1
	状态	0.475 1	0.442 5	0.335 9	0.299 5	0.507 3	0.334 3	0.397 5	0.342 7	0.366 0
	响应	0.621 7	0.496 5	0.382 8	0.270 5	0.594 4	0.254 0	0.399 4	0.480 4	0.213 4
	综合指数	0.489 9	0.363 6	0.289 5	0.331 0	0.344 7	0.255 4	0.274 9	0.217 6	0.311 7
	等级	III	IV	IV	IV	IV	IV	IV	IV	IV
2014年	压力	0.765 1	0.343 8	0.530 7	0.566 7	0.409 3	0.153 8	0.441 6	0.266 4	0.126 4
	状态	0.491 3	0.501 5	0.350 3	0.417 0	0.590 9	0.499 7	0.374 7	0.420 5	0.435 6
	响应	0.497 0	0.528 4	0.319 1	0.387 0	0.504 7	0.238 6	0.431 2	0.380 0	0.392 7
	综合指数	0.556 1	0.428 1	0.375 7	0.435 0	0.479 7	0.298 2	0.384 1	0.327 5	0.311 5
	等级	III	III	IV	III	III	IV	IV	IV	IV

6.2　土地健康利用综合指数灰色关联度分析

6.2.1　灰色关联度的计算方法

运用灰色关联度计算方法，对土地健康利用综合指数与其评价指标计算局部性灰色关联度，以土地健康利用水平数据为参考数列，评价指标数列为比较数列[183]。对这些数据进行标准处理后，计算吉林省域尺度、长春市域尺度土地健康利用水平与评价指标的灰色关联度。

6.2.2　基于省域尺度的综合指数与评价指标

2000—2014 年吉林省土地健康利用综合指数与其评价指标体系中各评价指标的关联度排名在前 10 位的因子见表 6-7。

表 6-7　基于省域尺度的综合指数与评价指标关联序排名前 10 位因子

评价 指标	地均 GDP	人均 GDP	城镇人 均可支 配收入	农民人 均纯收 入	城市污 水处理 率	固定资 产投资 增长率	土地垦 殖率	工业固体 废物综合 利用率	人均耕 地面积	工业废 水排放 达标率
关联 系数	0.897 0	0.881 0	0.800 3	0.788 5	0.785 3	0.751 5	0.692 8	0.692 4	0.690 7	0.690 3

与吉林省土地健康利用水平关联度排名前 4 位的因子分别为地均 GDP、人均 GDP、城镇人均可支配收入、农民人均可支配收入，这说明区域社会经济的快速发展，有利于地均、人均地区生产总值的提高，同时也有效改善了城乡居民的收入水平，雄厚的经济基础有利于区域资金、物资、技术、研发投放到生态环境保护和土地利用系统健康改善的方面。另外，城市污水处理率、工业固体废物综合利用率、工业废水排放达标率分别是排名第 5 位、第 8 位、第 10 位的因子，均是表征环境保护力度的指标，这说明区域环境保护、污染治理等方面工作对于土地健康利用水平的提升具有重要影响。除此之外，固定资产投资增长率、土地垦殖率、人均耕地面积分别是排名第 6 位、第 7 位、第 9 位的因子，这三项指标分别表征区域社会经济发展的压力和土地集约利用状况，这说明区域社会经济的快速发展，会导致人地关系趋于紧张，一方面表现为地区固定资产投资强度增加，满足城乡居民对于城乡建设用地的基本需求，同时还表现出人口增加对于粮食需求、食物消费的增长，

而这也说明，区域社会经济快速发展进程中，权衡、解决区域城乡居民饮食住行的基本需求，对于缓解社会经济发展的人口压力、资源环境约束，有效改善土地健康利用水平具有重要意义。

6.2.3 基于市域尺度的综合指数与评价指标

2000—2014 年长春市土地健康利用综合指数与其评价指标体系中各评价指标的关联度排名在前 10 名的因子见表 6-8。

表 6-8 基于市域尺度的综合指数与评价指标关联序排名前 10 位因子

评价指标	地均GDP	城镇人均可支配收入	农民人均纯收入	科技投资强度	人均建设用地面积	土地城镇化率	人均GDP	固定资产投资增长率	城市化水平	工业固体废物综合利用率
关联系数	0.988 5	0.984 6	0.976 0	0.971 3	0.969 5	0.966 7	0.946 9	0.944 9	0.944 5	0.944 5

与吉林省域尺度的灰色关联度计算结果有所不同，长春市土地健康利用水平与其评价指标灰色关联度排名前 10 位的因子，其关联系数均高达 0.944 5 以上，这说明，相较于吉林省域尺度，长春市土地健康利用水平与其排名前 10 位的因子具有极强的关联作用。排名前 3 位的因子分别为地均 GDP、城镇人均可支配收入、农民人均纯收入，这与吉林省结果相似，另外人均GDP 这一指标居于第 7 位，这说明区域社会经济的快速发展，有利于地均、人均地区生产总值的增加，同时也有效改善了城乡居民的收入水平，雄厚的经济基础有利于区域资金、物资、技术、研发投放到生态环境保护和土地利用系统健康改善的方面。另外，科技投资强度、工业固体废物综合利用率分别居于第 4 位、第 10 位，这说明在土地健康利用的"环境保护力度"方面，地区科技投资强度、工业固体废物综合利用率与土地健康利用关

系密切。除此之外，人均建设用地面积、土地城镇化率、固定资产投资增长率、城市化水平分别为居于第5位、第6位、第8位、第9位的指标，这些指标分别表征土地健康利用的社会经济发展压力、土地利用强度、土地集约利用状况方面，地区经济增长、社会发展、人口增加为土地健康利用带来压力，尽管这都得益于土地利用为其提供的物质财富、精神享受，但是这又促使地区为缓解社会经济发展的人口压力、资源环境约束而提高土地利用强度，实行土地节约集约利用，对土地利用目标提出更高的物质、资金、技术要求和保障，以提高土地产出水平。正因如此，随着经济快速发展，人地矛盾日益突出，有效解决地区社会经济发展中人口资源环境束缚对于土地健康利用水平提升具有重要作用。

6.3　土地健康利用各子系统变化趋势

6.3.1　吉林省土地健康利用各子系统

根据表6-5，绘制2000—2014年吉林省土地健康利用的压力、状态、响应子系统的变化趋势图，见图6-2、图6-3。

在2000年吉林省土地健康利用子系统中，得分最高的是压力子系统，其次是响应子系统，相对较低的为状态子系统；在2007年土地健康利用子系统中，得分最高的是响应子系统，其次是压力子系统，相对较低的是状态子系统；在2014年土地健康利用子系统中，得分最高的是状态子系统，其次是响应子系统，相对较低的是压力子系统。从吉林省新型城镇化各子系统演化趋势来看，2000—2014年，压力子系统指数从0.214 6增长到0.623 7；状态子系统指数从0.035 1增长到0.961 4，响应子系统从0.041 2增长到0.898 6。

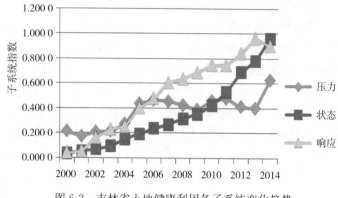

图 6-2　吉林省土地健康利用各子系统变化趋势

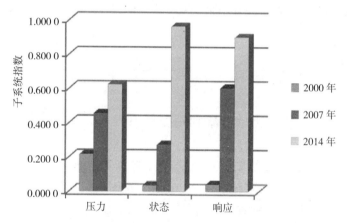

图 6-3　吉林省土地健康利用各子系统指数
（2000 年、2007 年、2014 年）

　　研究期内，吉林省土地健康利用各子系统均有不同程度的提升和改善，从上升幅度来看，状态子系统＞响应子系统＞压力子系统。状态子系统研究期内提升幅度最大，且增长趋势最为稳定，说明吉林省土地利用系统的健康状态稳定趋好。究其原因，在此期间，吉林省经济发展形势较好，人均地区生产总值、地均地区生产总值稳定提升，同时带动了城乡居民收入水平的改善，这为吉林省土地健康水平的改善提供了经济基础、物资保障。另外，吉林省土地整治工作对于新增耕地补充以及城乡建设用地规划管控下用地规模相对稳定，有效提升了吉林省土地集约利用状况。除此之外，稳固的经济基础和可持续的土地集约节约用地理念，促使吉林省更加重视在水土流失治理、生态林建设管护以及生态环境保护等方面工作，这些对于吉林省土地健康利用状态的改善具有重要作用。响应子系统研究期内小幅度波动，但总体稳定提升，说明吉林省对于土地利用系统健康的响应工作成效显著。在此期间，吉林省重点开展生态环境保护工作，提高城市生产、生活废弃物的处理能力，注重自然保护划定及管护工作，同时加大科教投资强度，以缓解经济发展的人口压力、资源环境的瓶颈约束，从而有效改善土地利用系统的健康状况。压力子系统研究期内波动明显，但基本得到有效控制，这说明吉林省经济社会快速发展势必对土地利用系统带来一定压力，但是由于响应工作的卓有成效，明显改善了土地利用系统的健康状态，尽管社会经济发展导致人类活动强度增加，社会经济压力增大，经济发展的红利却为地区土地利用系统压力的有效缓解提供了坚实的资金保障、物质基础、科技水平和科学理念，这些对于吉林省土地利用系统压力缓解具有重要意义。

总体来看，吉林省压力子系统波动明显且较不稳定，状态子系统相对稳定且发展形势较好，响应子系统稳定提升但未来仍需重点关注。吉林省土地健康利用系统由压力、状态、响应子系统构成，但其影响因素更为复杂，是吉林省自然条件与历史基础、经济发展与社会需求、人口流动与迁徙集聚、土地政策与制度等诸多因素长期作用的综合结果。因此，未来需密切关注其综合影响因素以开展相关工作，推动吉林省土地健康利用各子系统向趋好的方向发展。

6.3.2 长春市土地健康利用各子系统

根据表 6-5，绘制 2000—2014 年长春市土地健康利用的压力、状态、响应子系统的变化趋势图，见图 6-4、图 6-5。

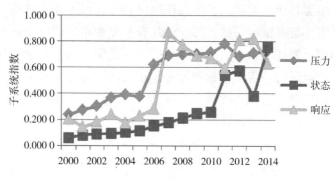

图 6-4 长春市土地健康利用各子系统变化趋势

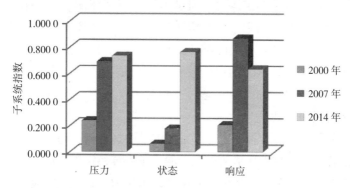

图 6-5 长春市土地健康利用各子系统指数（2000 年、2007 年、2014 年）

在 2000 年长春市土地健康利用子系统中，得分最高的是压力子系统，其次是响应子系统，相对较低的为状态子系统；在 2007 年土地健康利用子系统中，得分最高的是响应子系统，其次是压力子系统，相对较低的是状态子系统；在 2014 年土地健康利用子系统中，得分最高的是状态子系统，其次是压力子系统，相对较低的是响应子系统。从长春市土地健康利用各子系统演化趋势来看，2000—2014年，压力子系统指数从0.2362增长到0.7307，状态子系统指数从0.0603增长到0.7604，响应子系统从0.2037增长到0.6322。

研究期内，长春市土地健康利用各子系统均有不同程度的提升和改善，从上升幅度来看，状态子系统>压力子系统>响应子系统。状态子系统发展形势较为理想，前期稳定提升后期波动提升。究其原因，研究期内长春市社会经济发展水平明显提高，主要得益于长春市地区生产总值、城镇居民人均可支配收入、农民人均纯收入等指标的明显改善；其次，研究期内尽管城乡建设用地总量增加但是耕地数量得到有效补充，另外平均地区生产总值显著提高，最终有效提升了长春市土地集约利用水平。但是，长春市生态环境质量发展相对滞后，这对于状态子系统产生一定的负面影响。压力子系统长期波动且明显上升，主要表现为长春市社会经济快速发展对土地利用系统的压力明显增加，如人口密度迅速上升、固定资产投资强度大幅增加以及土地利用强度增大，追加投资、提高土地利用强度可以从一定程度上可以满足经济发展、人口增加对于土地利用系统的引致需求，但却难以缓解社会经济发展的人口压力、资源环境的硬约束。响应子系统初期相对稳定、后期波动较大且有所下滑，究其原因，长期以来，长春市尤其重视生态环境保护工作，从响应子系统具体指标分析看来，工业固体废物综合利用率、工业废水排放达标率两项指标长期以来一直保持在较高水平且相对稳定，科技投资强度长期处于偏低态势，而城市污水处理率、教育投资强度两项指标长期波动发展形势并不稳定，这是导致响应子系统发展演化的直接原因。

总体来看，长春市土地健康利用状态子系统发展较为理想，压力子系统波动不稳且明显上升，响应子系统发展滞后并有所下滑，未来需重点引导生态环境保护工作协调均衡发展，以有效缓解土地健康利用子系统压力，有利改善土地健康利用子系统状态，推动长春市土地健康利用各子系统向趋好的方向发展。

6.3.3　9地市（州）土地健康利用各子系统

根据表6-6，绘制2000—2014年吉林省9地市（州）的土地健康利用的压力、状态、响应子系统的变化趋势图，见图6-6、图6-7、图6-8。

（1）压力子系统

2000—2014年，吉林省9地市（州）压力子系统均有不同程度、不同方向的发展变化。其中，长春市、吉林市、四平市、辽源市3时期持续提升，呈阶梯式递增态势；通化市、松原市、白城市3时期先降后升，呈V形曲折递增态势；白山市3时期持续递减，呈阶梯式递减态势；延边朝鲜族自治州3时期先升后降，呈倒V形曲折递减态势。压力子系统指数最高区域与最低区域之间的差距由2000年的0.442 9增加到2007年的0.481 0，到2014年增至0.638 7，9地市（州）压力子系统地域差异特征趋于显著。2000年，长春市、辽源市的压力子系统指数明显偏高，延边朝鲜族自治州压力子系统指数最低，其他6地市差距较小，分布较为均衡。2007年，长春市、辽源市、四平市压力子系统指数仍为9地市（州）中排名前3位的地区，且均有所上升，发展形势并不理想，延边朝鲜族自治州压力子系统指数明显上升，与其他地区差距缩小；2014年，长春市、辽源市、四平市始终是压力子系统排名前3位的地区，且均有明显上升，其他地区中，尤以通化市、松原市明显上升，白山市、延边市、朝鲜族自治州明显下降，吉林省 9 地市（州）压力子系统地域差异特征趋于显著。

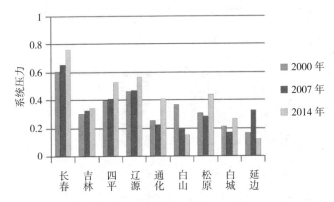

图 6-6　9 地市（州）压力子系统变化趋势（2000 年、2007 年、2014 年）

（2）状态子系统

2000—2014 年，吉林省 9 地市（州）状态子系统均有不同程度、不同方向的发展变化。仅有松原市表现为 3 时期先升后降，呈倒 V 形曲折递减态势；其他 8 地市（州）3 时期持续提升，呈阶梯式递增态势。状态子系统指数最高区域与最低区域之间的差距由 2000 年的 0.166 8 增加到 2007 年的 0.207 8，到 2014 年增至 0.240 6，9 地市（州）压力子系统地域差异特征趋于显著。2000 年，长春市、通化市、白城市状态子系统指数较高，其他地区相对较低，但区域间相差不大；2007 年，9 地市（州）状态子系统指数均有所提升，通化市、长春市、吉林市尤为显著，其他地区均有不同程度的改善；2014 年，除松原市有所下降外，其他地区状态子系统指数均明显上升，其中尤以通化市、白山市、吉林市、长春市较为突出，其他地区相对较低。吉林省 9 地市（州）状态子系统指数均有明显提升，但地域差异特征增大。

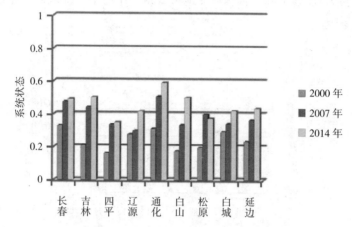

图 6-7　9 地市（州）状态子系统变化趋势（2000 年、2007 年、2014 年）

（3）响应子系统

2000—2014 年，吉林省 9 地市（州）响应子系统均有不同程度、不同方向的发展变化。其中，长春市、四平市、通化市、白山市、白城市 3 时期先升后降，倒 Ⅴ 形曲折递减态势；吉林市、松原市、延边朝鲜族自治州 3 时期持续提升，呈阶梯式递增态势；辽源市 3 时期先降后升，呈 Ⅴ 形曲折递增态势。响应子系统指数最高区域与最低区域之间的差距由 2000 年的 0.278 4 增加到 2007 年的 0.408 3，到 2014 年降至 0.289 8，9 地市（州）响应子系统地域差异性趋于缩小。2000 年，白城市、辽源市、长春市响应子系统指数相对较高，其他地区相对较低，但地区间差距较小；2007 年，长春市、通化市、吉林市响应子系统指数提升尤为显著，其他地区表现出小幅度的提升或下降，但地区间差距明显拉大；2014 年，多数响应子系统高值区出现明显下滑，如长春市、通化市、白城市，其他地区表现出不同程度、方向的变化，导致地区间差距明显缩小。总体来看，吉林省 9 地市（州）响应子系统均有明显提升，且地域差异特征表现出趋缓态势。

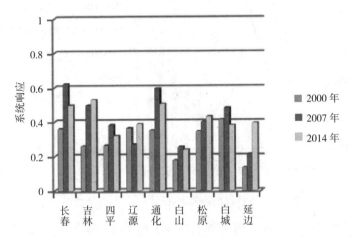

图 6-8　9 地市（州）响应子系统变化趋势（2000 年、2007 年、2014 年）

6.4　土地健康利用综合指数时空演变

6.4.1　吉林省综合指数时间变化

由表 6-5 和图 6-9 可以看出，研究期内，吉林省土地健康利用综合指数由 2000 年的 0.094 7 增至 2014 年的 0.832 6，其土地健康利用水平由病态水平（Ⅴ类）逐步发展至健康水平（Ⅰ类）。近 15 年增长了约 7.79 倍，研究期年平均增长率达 17.262 3%，持续上升趋势较为明显。吉林省土地健康利用经历了“W 形”稳步提升初期（2000—2005 年）—“左凸形”缓慢发展中期（2005—2009 年）—“阶梯形”快速提升后期（2009—2014 年），基本呈现增长态势，这说明吉林省土地健康利用水平稳步提高。

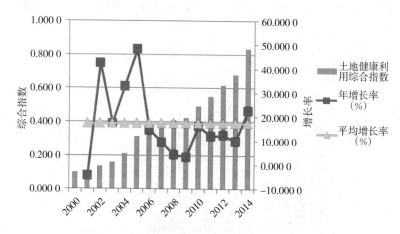

图 6-9　吉林省土地健康利用综合指数及增长率

2000—2005 年，吉林省土地健康利用综合指数从 0.094 7 增长到 0.312 2，初期年均增长率为 27.353 6%，明显高于研究期年平均增长率（17.2623%）。在此期间，吉林省土地健康利用综合指数历年稳健提升，但幅度相对较大，其演变趋势大致呈"W形"递增，其中 2005 年尤为突出，其年均增长率高达48.220 7%，究其原因，2003 年东北振兴战略的实施，有力带动了吉林省经济社会可持续发展，雄厚的经济基础有利于地方资金、技术投放到产业结构优化升级和生态环境保护等方面，对于吉林省土地健康利用状况具有积极作用。另外，依据土地健康利用综合指数的类型划分可知，在吉林省土地健康利用的稳健提升初期，2000—2003 年属于病态水平（Ⅴ类），2004—2005 年属于不健康水平（Ⅳ类）。

2005—2009 年，吉林省土地健康利用综合指数从 0.312 2 增长到 0.422 2，中期年均增长率为 15.994 2%，低于研究期年平均增长率（17.262 3%）。在此期间，吉林省土地健康利用综合指数历年增长缓慢，且幅度较小，其演变趋势大致呈"左凸形"小幅度提升,其中 2008 年、2009 年尤为突出,其年均增长率分别为 4.348 6%、3.294 7%,明显低于中期年均增长率(15.994 2%)。究其原因,此阶段吉林省可能处于与国土资源部提出地方政府引导土地粗放向节约集约利用转变的政策解读过渡阶段,同时受当时全球金融危机持续影响,出现区域市场萎缩、经济增长衰退等现象,对于土地健康利用的观念意识、地方开发强度、生态环境保护以及科研投入力度等方面趋于放缓,土地健康利用发展速度相对滞后。另外,依据土地健康利用综合指数的类型划分可知,在吉林省土地健康利用展的缓慢发展中期,2005—2007年年属于不健康水平(Ⅳ类),2008—2009 年提升至临界健康水平(Ⅲ类)。

2009—2014 年,吉林省土地健康利用综合指数从 0.422 2 增长到 0.832 6,后期年均增长率为 12.741 3%,低于研究期年平均增长率(17.262 3%),主要因为后期土地健康利用综合指数的基数较大,另外此阶段每年的年均增长率围绕研究期年平均增长率上下波动,且相差并不悬殊,因此,吉林省土地健康利用综合指数此阶段大致表现为呈"阶梯形"快速提升。另外,依据土地健康利用综合指数的类型划分可知,在吉林省土地健康利用的快速提升后期,2009—2011 年属于临界健康水平(Ⅲ类),2011—2012 年增至亚健康水平(Ⅱ类),2014年属于健康水平(Ⅰ类)。

6.4.2　长春市综合指数时间变化

由表 6-5 和图 6-10 可以看出,研究期内,长春市土地健康利用综合指数由 2000 年的 0.120 0 增至 2014 年的 0.730 0,其土地健康利用水平由病态水平(Ⅴ类)逐步发展至亚健康水平(Ⅱ类)。近 15 年增长了约 5.08 倍,研究期年平均增长率达 15.446 2%，上升幅度较大但波动明显。长春市土地健康利用经历了"W 形"平缓提升初期（2000—2006 年）—"左凸形"急速提升中期（2006—2010 年）—"N 形"波动震荡提升后期（2010—2014 年），总体来看，长春市土地健康利用状况趋向好的方向发展，但是多年波动起伏，发展趋势较为曲折。

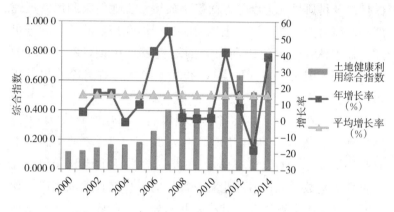

图 6-10　长春市土地健康利用综合指数及增长率

2000—2006 年，长春市土地健康利用综合指数从 0.120 0 增长到 0.261 5，初期年均增长率为 14.633 1%，略低于研究期年平均增长率（15.446 2%）。在此期间，长春市土地健康利用综合指数提升相对缓慢，幅度较小，其演变趋势大致呈"W 形"平缓上升，其中 2006 年表现尤其突出，增长速度较快，其年均增长率高达 41.839 1%。究其原因，在此期间，尤其是"十五"发展期末，吉林省重点建成长吉经济走廊，极大促进了长吉都市区尤其是省会城市长春经济社会发展，快速的城镇化、工业化进程使长春市具备雄厚的经济基础，在城镇化建设、产业优化升级、生态保护、环境污染防治等方面投入很大，对于长春市土地健康利用状况改善具有重要影响。另外，依据土地健康利用综合指数的类型划分可知，在长春市土地健康利用的平缓提升初期，2000—2005 年属于病态水平（Ⅴ类），2006 年提升至不健康水平（Ⅳ类）。

2006—2010 年，长春市土地健康利用综合指数从 0.261 5 增长到 0.420 4，中期年均增长率为 20.044 2%，高于研究期年平均增长率（15.446 2%）。在此期间，长春市土地健康利用水平迅速提升，而后持续平稳上升，其演变趋势大致呈"左凸形"提升，其中 2007 年表现突出，其年均增长率达 54.181 2%，此后阶段每年的年均增长率略低于研究期年平均增长率。究其原因，长春市"十五"期间的发展成果，为后期城镇化建设、土地健康利用、生态环境保护等方面提供坚实的经济基础，有利改善了长春市土地健康利用状况，但是 2007 年后，由于受当时全球金融危机持续影响，出现区域市场萎缩、经济增长衰退等现象，在城镇化建设、产业优化升级、生态保护、环境污染防治等方面投入强度、力度相对稳健，从而导致此期间长春市土地健康利用水平表现出相对平稳、小幅度上升的特点。另外，依据土地健康利用综合指数的类型划分可知，在长春市土地健康利用的急速提升中期，2006 年属于不健康水平（Ⅳ类），2007—2010 年相对稳定，属于临界健康水平（Ⅲ类）。

2010—2014 年，长春市土地健康利用综合指数从 0.420 4 增长到 0.730 0，后期年均增长率为 14.290 8%，略低于研究期年平均增长率（15.446 2%）。在此期间，长春市土地健康利用水平提升明显，但波动幅度较大，其演变趋势大致呈"N形"震荡浮动提升，其中 2011 年和 2014 年的年均增长率分别高达 41.488 0%、38.740 4%，2013 年的年均增长率为 −17.875 4%。究其原因，长春市作为东北地区中心城市，重要的老工业基地，随着《全国老工业基地调整改造规划（2013—2022 年）》出台，尤其是新一轮东北振兴规划提出，经济社会快速发展，城镇化进程加快，同时在吉林省新型城镇化规划引导下，城镇化发展为地区经济社会带来发展福利的同时，又对人地系统带来负面胁迫，城乡空间形态优化重构，都市群城镇区、农业主产区、生态功能主导区功能互补、共生发展，这给长春市土地健康利用的发展带来了动力和压力。另外，依据土地健康利用综合指数的类型划分可知，在长春市土地健康利用的波动震荡后期，2010—2014 年经历了临界健康水平（Ⅲ类）—亚健康水平（Ⅱ类）—临界健康水平（Ⅲ类）—亚健康水平（Ⅱ类）的发展演变历程。

6.4.3 9 地市（州）综合指数空间变化

选择 2000 年、2007 年、2014 年三个时间截面，根据 3 时期 9 地市（州）土地健康利用综合指数及等级绘制图 6-11 和图 6-12，据此进行归纳总结，分析 9 地市（州）土地健康利用水平的时空演变特征。由图 6-11、图 6-12 可见，9 地市（州）土地健康利用水平呈现以下特点。

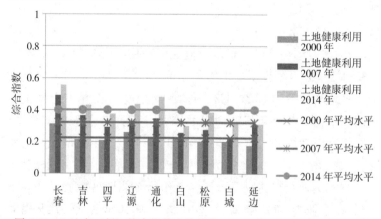

图 6-11　9 地市（州）综合指数变化趋势（2000 年、2007 年、2014 年）

9地市（州）土地健康利用水平普遍偏低，发展形势较不理想。吉林省中、东部地区土地健康利用状况优于西部地区，且地区间差距较大。2000年土地健康利用水平最高区域为长春市（0.309 9），最低区域为延边朝鲜族自治州（0.175 9）；2007年土地健康利用水平最高区域为长春市（0.489 9），最低区域为白城市（0.217 6）；2014年土地健康利用水平最高区域为长春市（0.556 1），最低区域为白山市（0.298 2）。长春市作为吉林省省会，其土地健康利用水平始终处于全省首位，而3时期最低区域均有变化。城镇化水平最高区域与最低区域之间的差距从2000年的0.134 0增加到2007年的0.272 3，又增至2014年的0.257 9，区域差异趋于增大。

通过分析3时期9地市（州）土地健康利用水平与同期省平均水平的差距，发现研究区土地健康利用水平区域梯度集聚趋势明显。2000年，吉林省平均水平为0.224 5，长春市、辽源市高于吉林省平均水平，其他地区与吉林省平均水平大致相当，9地市（州）土地健康利用水平呈现梯形均衡发展格局；2007年，吉林省平均水平为0.319 8，长春市、吉林市、辽源市、通化市高于吉林省平均水平，四平市、松原市、延边朝鲜族自治州与吉林省平均水平大致相当，白山市、白城市明显低于低于吉林省平均水平，9地市（州）土地健康利用水平呈现梯度分化发展格局；2014年，吉林省平均水平为0.399 5，长春市、吉林市、辽源市、通化市显著高于吉林省平均水平，四平市、松原市与吉林省平均水平大致相当，白山市、白城市、延边朝鲜族自治州显著低于吉林省平均水平，9地市（州）土地健康利用水平呈现显著地梯度分化发展格局。总体来看，2000—2014年，吉林省9地市（州）土地健康利用水平区域梯度集聚趋势明显。

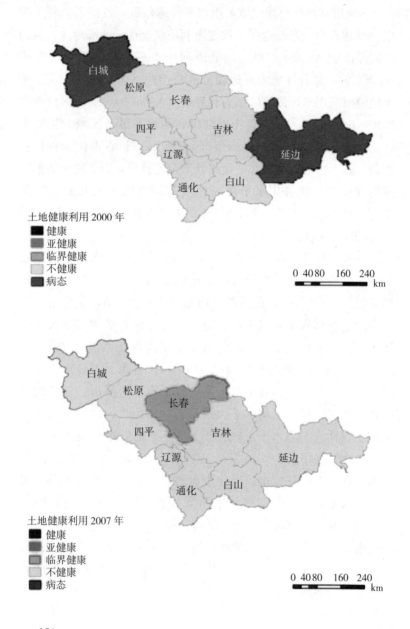

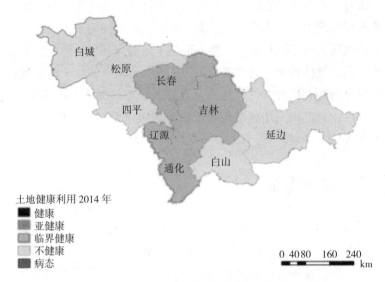

图 6-12　9 地市（州）土地健康利用综合指数时空演变
（2000 年、2007 年、2014 年）

　　通过分析 3 时期 9 地市（州）土地健康利用水平的具体类型，发现研究区土地健康利用状况较不理想，尽管总体来看向趋好的方向发展，但是发展较为缓慢。2000 年吉林省 9 地市（州）土地健康利用水平普遍偏低，属于不健康水平（Ⅳ类）和病态水平（Ⅴ类），其中白城市和朝鲜族自治区为病态水平（Ⅴ类），分布于吉林省东西两翼，其他地区均为不健康水平（Ⅳ类）；2007年，吉林省 9 地市（州）土地健康利用水平均有一定程度的改善、提升，吉林中部的长春市提升较为明显，由不健康水平（Ⅳ类）发展至临界健康水平（Ⅲ类），吉林西部的白城市、东部的朝鲜族自治区也有所改善，均从病态水平（Ⅴ类）发展至不健康水平（Ⅳ类），其他地区都有不同程度的发展，但是土地健康利用具体类型未发生变化；2014 年，吉林中部地区城市土地健康利用水平明显提升，东部、西部地区城市提升幅度相对较小，其中吉林中部地区的吉林市、辽源市和东部地区的通化市的土地健康利用状况由不健康水平（Ⅳ类）发展至临界健康水平（Ⅲ类），其他地区都有不同程度的发展，但是土地健康利用具体类型未发生变化。总体看来，研究期内，吉林省9地市（州）土地健康利用综合指数有所提升，但是其土地健康利用状况改善较为缓慢，研究区土地健康利用状况均处于临界健康水平以下（Ⅲ类），发展形势较为严峻。

6.5　本章小结

　　基于前几章关于土地健康利用的相关基础理论和影响因素的理论分析，科学、合理构建吉林省土地健康利用综合评价指标体系，选取实证研究中评价指标权重及综合指数测算的具体方法，引入灰色关联度分析法以探究吉林省和长春市土地健康利用综合指数与其评价指标的灰色关联度，在此基础上，系统分析了2000—2014年吉林省域和长春市域土地健康利用综合指数及其各子系统指数时序演变特征，吉林省9地市（州）3时期横向截面的土地健康利用综合指数和各子系统指数的时空演变特征。研究结果表明：

　　吉林省土地健康利用综合指数与各评价指标关联度排名前10位的因子：地均GDP、人均GDP、城镇人均可支配收入、农民人均纯收入、城市污水处理率、固定资产投资增长率、土地垦殖率、工业固体废物综合利用率、人均耕地面积、工业废水排放达标率。长春市土地健康利用综合指数与各评价指标关联度排名前10位的因子：地均GDP、城镇人均可支配收入、农民人均纯收入、科技投资强度、人均建设用地面积、土地城镇化率、人均GDP、固定资产投资增长率、城市化水平、工业固体废物综合利用率。

2000—2014 年，吉林省土地健康利用水平稳步提高。研究期内，吉林省土地健康利用综合指数年平均增长率达 17.26％。研究期内经历了"W 形"波动提升初期（2000—2005 年）—"左凸形"缓慢发展中期（2005—2009 年）—"阶梯形"快速提升后期（2009—2014 年）。

2000—2014 年，长春市土地健康利用水平总体趋向好的方向发展，但是多年波动起伏，发展较为曲折。研究期内，长春市土地健康利用综合指数年平均增长率达 15.45％，经历了"W 形"平缓提升初期（2000—2006 年）—"左凸形"急速提升中期（2006—2010 年）—"N 形"波动震荡提升后期（2010—2014 年）。

2000—2014 年，吉林省 9 地市（州）土地健康利用水平普遍偏低，中、东部地区优于西部地区，且地区间差距较大；通过分析 3 时期 9 地市（州）土地健康利用水平与同期省平均水平的差距可知，3 时期 9 地市（州）逐步呈现梯形均衡发展格局、梯度分化发展格局、显著梯度分化发展格局，区域梯度集聚特征尤为明显；通过分析其具体类型可知，区域土地健康利用状况改善较为缓慢，均处于临界健康水平以下（Ⅲ类），发展形势较为严峻。

第7章 吉林省新型城镇化与土地健康利用协调发展关系

在分别测度新型城镇化、土地健康利用水平的基础上，分别对 2000—2014 年吉林省域、长春市域纵向时序的以及吉林省 9 地市（州）横向截面的新型城镇化与土地健康利用综合指数进行灰色关联度分析，以确定新型城镇化与土地健康利用之间的关联程度，运用动态耦合度模型和耦合协调度模型测度吉林省新型城镇化与土地健康利用的协调发展关系。

7.1 新型城镇化与土地健康利用的关联度分析

运用灰色关联分析方法，分别测算 2000—2014 年吉林省域、长春市域纵向时序以及 2000 年、2007 年、2014 年吉林省 9 地市（州）横向截面的新型城镇化与土地健康利用综合指数的灰色关联度系数 r_i[183]，结果见表 7-1。

表 7-1 吉林省新型城镇化与土地健康利用灰色关联系数

时空尺度	吉林省域 2000—2014 年	长春市域 2000—2014 年	9 地市（州） 2000 年	9 地市（州） 2007 年	9 地市（州） 2014 年
关联系数 r_i	0.653 9	0.688 3	0.538 2	0.606 4	0.588 1

r_i 范围为 0~1，值越大，关联性越大，耦合性越强，反之亦然。参考文献刘耀彬、张胜武等对关联系数的定义及分类标准[211,212]，认为当 $0 < r_i \leqslant 0.35$，两系统关联程度低；当 $0.35 < r_i \leqslant 0.65$，两系统关联程度中等；当 $0.65 < r_i \leqslant 0.85$，两系统关联程度高；当 $0.85 <$

$r_i \leqslant 1$，两系统关联程度极高，系统间相互作用力极强。

由此可知，吉林省域和长春市域纵向时序的新型城镇化与土地健康利用交互作用的关联程度高，两系统发展过程中，存在高强度的相互作用、相互影响；吉林省 9 地市（州）横向截面的新型城镇化与土地健康利用交互作用的关联程度属于中等水平，但也足以说明两系统发展存在一定强度的相互影响、相互关联作用。在此基础上，构建两系统动态耦合度模型和耦合协调度模型，测度分析两系统协调发展关系。

7.2　动态耦合度模型构建与等级划分

当前，动态耦合度模型在生态经济、水文环境、城市发展等领域已得到了广泛应用，研究成果比较丰富[213,214]。将区域新型城镇化与土地健康利用作为两个系统，系统及其内部要素间相互胁迫、相互依存、相互影响的客观表现，可以反映系统的演进或趋势。借鉴已有研究成果[184]，区域新型城镇化系统（A）与土地健康利用系统（B）是非线性的，一般函数为 $f(x_1, x_2, \cdots, x_n)$，按泰勒级数在 $x=0$ 展开，为保持系统稳定性略去不低于二次方的项与 $f(0)$ 的函数值，得到近似线性系统 $f(x_1, x_2, \cdots, x_n) = \sum\limits_{i=1}^{m}(W_i \times M_i)$。按上述方法建立区域新型城镇化系统与土地健康利用系统的函数为：

$$f(A) = \sum_{i=1}^{m}(W_i \times M_i) \tag{7-1}$$

$$f(B) = \sum_{i=1}^{m}(W_i \times N_i) \tag{7-2}$$

由贝塔朗菲[184,213,214]的一般系统理论可知，系统的各要素、各层次及结构之间具有整体性、关联性、动态性、有序性、目的性。当 $f(A)$，$f(B)$ 相协调，整个大系统也协调。新型城镇化与土地健康利用协调发展的一个衡量标志是其各自发展速度的协调，引起两系统的发展速度 $V(A)$、$V(B)$ 为函数 $f(A)$，$f(B)$ 的一次导数：

$$V(A)=f'(A)=\mathrm{d}f(A)/\mathrm{d}t \tag{7-3}$$

$$V(B)=f'(B)=\mathrm{d}f(B)/\mathrm{d}t \tag{7-4}$$

式中：$V(A)$、$V(B)$ 分别表示区域新型城镇化 $f(A)$ 与土地健康利用 $f(B)$ 随时间的演化速度。大系统演化速度 V 满足组合"S"形的发展机制，新型城镇化具有周期性，土地健康利用受新型城镇化的影响也呈现出周期性。在二维平面空间建立 V 的演化模拟，以 $V(A)$、$V(B)$ 为变量建立坐标系[184,213,214]。由于土地健康利用速度小于区域新型城镇化速度，V 的发展轨迹是椭圆，则系统耦合状态的评价模型为：

$$\theta=arctg\frac{V(A)}{V(B)} \tag{7-5}$$

式中，θ 为区域新型城镇化与土地健康利用复合系统动态耦合度。根据 θ 值确定复合系统演化状态及耦合状态，借鉴杨钢桥、雷国平、卢新海等[164,213,214]对动态耦合度阶段划分的方法，结合具体研究要求，将其划分为 4 个发展阶段（表 7-2）。

表 7-2　动态耦合阶段划分及特征描述

角度范围	区域	发展阶段	状态描述
$-90°<\theta\leqslant0°$	I	低级协调共生阶段	城镇化发展缓慢，且基本不受土地健康状况的限制和约束，城镇化发展对土地健康的影响也几乎为零
$0°<\theta<45°$	II	初级协调发展阶段	$V(A)<V(B)$，城镇化发展速度小于土地健康利用演化速度，城镇化发展已经开始显现出对土地健康的胁迫作用，土地健康状况制约了新型城镇化发展

（续）

角度范围	区域	发展阶段	状态描述
$\theta = 45°$	Ⅱ	和谐发展阶段	$V(A) = V(B)$，城镇化发展与土地健康利用演化速度相当，二者和谐发展
$45° \leqslant \theta < 90°$	Ⅱ	共同发展阶段	$V(A) > V(B)$，城镇化发展速度逐渐加快，城镇化和土地健康利用开始相互影响，土地健康状况对城镇化发展的约束与限制矛盾开始显露，但尚不突出
$90° \leqslant \theta < 180°$	Ⅲ	极限发展阶段	城镇化高速发展期，其快速发展加速了对土地资源的索取和对土地健康状况的破坏，两系统矛盾日益突出，导致约束城镇化发展的限制圈也相应越来越小，土地健康危机进入潜伏期
$-180° \leqslant \theta < -90°$	Ⅳ	螺旋式上升阶段	城镇化发展与土地健康利用之间由交互胁迫的关系逐步转化为相互促进的关系，并最终达到城镇化发展与土地健康利用状况高度协调共生发展状态

7.3　耦合协调度模型构建与等级划分

"耦合"这一概念来源于物理学，指两个或两个以上系统或运动方式通过各种相互作用而彼此影响以至协同的现象，是在各子系统之间的良性作用下，表现出的相互影响、相互制约、相互促进、相互协调的关联关系[29-35]。耦合度能描述系统或要素彼此间相互作用的影响程度，反映系统协同作用的量度[29-35]。为评判新型城镇化与土地健康利用耦合作用程度，引入耦合协调度度量两系统从无序走向有序的协同作用的大小，参照黄木易、张乐勤、张明斗等的研究方法构造静态耦合度模型[215,216]，公式如下：

$$C = \left\{ \frac{A \times B}{(A+B) \times (A+B)} \right\}^{\frac{1}{2}} \tag{7-6}$$

其中 A、B 分别为新型城镇化综合指数和土地健康利用综合指数，C 为静态耦合度，介于 $[0,1]$ 之间，当 $C=1$ 时，静态耦合度达到最大值，说明新型城镇化与土地健康利用两系统之间达到最佳协调状态，两系统向有序方向发展；当 $C=0$ 时，静态耦合度达到最小值，说明两系统之间处于无序状态，两系统发展方向和状态呈无序性，静态耦合度等级划分见表 7-3。

表 7-3　静态耦合度阶段划分类型

耦合度	耦合阶段
$C=0$	无序
$0<C\leqslant0.3$	低水平耦合
$0.3<C\leqslant0.5$	拮抗
$0.5<C\leqslant0.8$	磨合
$0.8<C<1.0$	高水平耦合
$C=1.0$	有序

静态耦合度只能反映二者的相关程度，难以体现其综合交互作用水平，计算结果可能存在低水平耦合，因此必须研究在耦合基础上的协调程度。协调是系统之间或者系统组成要素之间良性的相互关系与彼此的和谐一致[29-35]。在区域经济发展中，协调体现为新型城镇化和土地健康利用具有较优良的默契程度。为此引入耦合协调度模型，计算公式如下[29-35]：

$$D=\sqrt{C\times T} \tag{7-7}$$

$$T=a\times A+b\times B \tag{7-8}$$

式中，D 为新型城镇化与土地健康利用的耦合协调度；T 为综合协调指数；$a+b=1$ 为待定系数，本研究取 $a=b=0.5$，即认为新型城镇化与土地健康利用重要程度相当。耦合协调度的取值介于 $0\sim1$ 之间，取最大值 1 时即两系统之间达到最优协调发展水平，协调发展度值越小，表明两系统之间的协调发展水平越低。本书借鉴廖重斌、吕添贵、王新越等的划分方法[216-218]，采用均匀分布函数法来确定耦合协调度的类型及划分标准，如表 7-4 所示。

表 7-4 新型城镇化与土地健康利用协调度分类体系及判别标准

协调程度		协调度	协调发展类型
协调	高度协调	0.90～1.00	优质协调发展型
		0.80～0.90	良好协调发展型
	基本协调	0.70～0.80	中级协调发展型
		0.60～0.70	初级协调发展型
		0.50～0.60	勉强协调发展型
失调	濒临失调	0.40～0.50	濒临失调衰退型
		0.30～0.40	轻度失调衰退型
	失调衰退	0.20～0.30	中度失调衰退型
		0.10～0.20	严重失调衰退型
		0.00～0.10	极度失调衰退型

7.4 吉林省两系统协调发展测度与分析

7.4.1 吉林省动态耦合度时间变化

2000—2014 年，吉林省新型城镇化与土地健康利用均呈总体提升态势，并具有一定同步性。以表 5-5、表 6-5 中，新型城镇化综合指数和土地健康利用综合指数为样本，分别对两系统进行 4 次多项式拟合和 2 次多项式拟合，得到吉林省新型城镇化演化曲线 $G(m)$ 和土地健康利用演化曲线 $F(n)$，其中拟合曲线之自变量 m 和 n 均为相应年份 t，取值范围为 2000—2014 年，结果如图 7-1 所示。

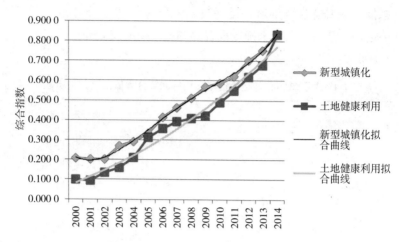

图 7-1　吉林省新型城镇化与土地健康利用演化拟合曲线

具体公式如下：

新型城镇化演化拟合曲线：

$$G（x）=7\mathrm{E}-05x^4-0.002x^3+0.027x^2-$$
$$0.082x+0.268 \quad （R^2=0.997） \tag{7-9}$$

土地健康利用演化拟合曲线：

$$F（x）=0.001x^2+0.025x+0.059 \quad （R^2=0.978）$$
$$\tag{7-10}$$

吉林省新型城镇化演化拟合曲线 $G（m）$ 和土地健康利用演化拟合曲线 $F（n）$ 的切线方程即为两系统演化速率表达式 $VA（m）$、$VB（n）$，自变量 m 和 n 均可以年份符号 t 来表示，根据式（7-3）、式（7-4）计算得出，并以式（7-11）、式（7-12）表示；根据式（7-5）计算吉林省两系统动态耦合度 θ，结果如图 7-2 所示。

新型城镇化演化速度：

$$VA（x）=（7E-05）\times4\times x^3-0.006x^2+0.054x-0.082$$
$$\tag{7-11}$$

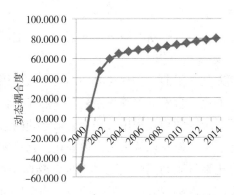

图 7-2 吉林省新型城镇化与土地健康利用的动态耦合度

土地健康利用演化速度：

$$VB（x）＝0.002x＋0.025 \qquad (7-12)$$

2000—2014 年，吉林省新型城镇化与土地健康利用的动态耦合度 θ 范围在 $-90°<\theta<90°$。2000 年动态耦合度 θ 属于低级协调共生阶段，新型城镇化发展缓慢，且基本不受土地健康利用水平的限制和约束，新型城镇化发展对土地健康利用的影响也几乎为零；2001 年动态耦合度 θ 演化至初级协调发展阶段，吉林省新型城镇化发展速度低于土地健康利用提升速度，新型城镇化发展初步显现出对区域土地健康利用的负面胁迫作用，同时，土地健康利用水平也表现出对新型城镇化发展的资源环境承载约束；2002—2014 年，吉林省动态耦合度 θ 发展演化属于共同发展阶段，新型城镇化发展速度高于土地健康利用发展速度，且新型城镇化发展速度逐渐加快，新型城镇化和土地健康利用开始相互影响，土地健康状况对城镇化发展的约束与限制矛盾开始显露，但尚不突出。

总体来看，研究期内，吉林省新型城镇化与土地健康利用相互作用关系明显，两系统动态耦合作用表现出由低级协调共生阶段向共同发展阶段演化的良性耦合态势，两系统发展趋势趋于一致，土地承载容量充足，城镇化快速发展带动土地健康利用水平提高。究其原因，吉林省新型城镇化的趋缓与土地健康水平的提升，使两系统交互作用趋向协调，但是区域土地系统承载力、抵御外部干扰能力是有限的，在一定时期内，土地利用系统通过环境污染、土地退化、自然灾害等一系列反馈形式制约区域城镇化发展，由于两系统间的相互作用、交互胁迫，使两系统逐渐向和谐发展的态势演化。但是，从未来发展演化的趋势来看，吉林省新型城镇化与土地健康利用的动态耦合度 θ 趋向于接近 $90°$，未来两系统动态耦合度会进入极限发展阶段，新型城镇化的高速发展期，其快速发展加速了对土地资源的索取和对土地健康状况的破坏，两系统矛盾日益突出，导致约束城镇化发展的限制圈也相应越来越小，土地健康危机可能进入潜伏期。

7.4.2 吉林省静态耦合度时间变化

根据 2000—2014 年吉林省新型城镇化综合指数与土地健康利用综合指数，利用公式（7-6），测算两系统静态耦合度 C，并根据表 7-2，得到 2000—2014 年吉林省新型城镇化与土地健康利用的静态耦合度阶段类型，结果如图 7-3 所示。

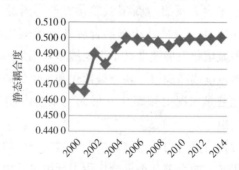

图 7-3　吉林省新型城镇化与土地健康利用的静态耦合度

2000—2014 年，吉林省新型城镇化与土地健康利用的静态耦合度 C 呈现先震动提升后缓慢波动的整体上升趋势，由 2000 年的 0.467 4 增至 2014 年的 0.500 0。从静态耦合度阶段类型来看，2000—2013 年属于拮抗阶段，2014 年进入磨合阶段。随着吉林省城镇化进程的推进，新型城镇化规划的实施，促使吉林省新型城镇化与土地健康利用交互耦合作用逐步增强，两系统的交互耦合作用由拮抗阶段进入磨合阶段，说明城镇化的快速发展急需土地健康利用系统的有力支撑，城市对土地利用需求不断增大，城镇化发展会对区域土地健康利用带来正面福利和负面胁迫，其波动震荡为土地健康水平的快速上升提供了机会，土地在城市发展中的基础性和支撑性地位明显。

总体来看，吉林省新型城镇化与土地健康利用的动态耦合度 C 基本呈上升趋势，至研究期末，两系统的动态耦合度 C 为 0.500 0，属于磨合阶段，新型城镇化与土地健康利用间的交互耦合作用趋向良好状态演化。吉林省新型城镇化发展提高了其区域经济实力，使其有更充分的资金、物质、劳动力、技术等要素投入与土地健康相关的生态、环保事业，以有效促进土地健康水平提升，实现两系统的良性耦合，但是由磨合阶段向高水平耦合阶段的发展将需要较长时间，而且如果两系统交互耦合租用的磨合效果不好，受到其他外在因素的影响，很可能回到磨合前的阶段，因此，当前仍然是促进吉林省新型城镇化发展与土地健康利用协调发展的关键时期。

7.4.3　吉林省耦合协调度时间变化

根据 2000—2014 年吉林省新型城镇化综合指数与土地健康利用综合指数，以及静态耦合度 C，利用公式（7-7）和公式（7-8），测算两系统综合协调指数 T 和耦合协调度 D，并根据表

7-3，得到 2000—2014 年吉林省新型城镇化与土地健康利用的协调发展类型，结果如图 7-4 所示。

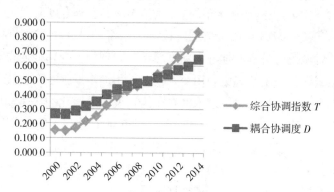

图 7-4　吉林省新型城镇化与土地健康利用耦合协调度和综合协调指数

2000—2014 年，吉林省新型城镇化与土地健康利用的耦合协调度 D 呈现持续稳定提升态势，由 2000 年的 0.267 8 增至 2014 年的 0.646 3，从其协调发展类型来看，2000—2002 年属于中度失调衰退型，2003—2004 年属于轻度失调衰退型，2005—2009 年属于濒临失调衰退型，2010—2013 年属于勉强协调发展型，2014 年属于初级协调发展型。这说明，研究期内，吉林省新型城镇化与土地健康利用交互耦合作用的协调程度逐步改善，两系统由失调衰退交互发展至濒临失调，继而摆脱失调发展的窘境，开始发展进入基本协调阶段。

总体来看，吉林省新型城镇化与土地健康利用的耦合协调度 D 呈现稳定上升趋势。至研究期末，两系统耦合协调度 D 为 0.646 3，属于初级协调发展型，且从综合协调指数 T 的变化趋势来看，新型城镇化与土地健康利用均向好的方向发展。究其原因，吉林省新型城镇化快速发展，城镇发展增加了对土地的引致需求，导致城镇空间急剧扩张，城镇土地粗放利用、过度利用现象并存，且较为严重，从而造成二者长期失调，但是城镇化发展为土地健康利用带来负面胁迫的同时，其波动震荡为土地健康水平的快速上升提供了机会，区域经济实力增强使其有更充分的资金、物质、劳动力、技术等要素投入与土地健康相关的生态、环保事业，以有效促进土地健康水平提升。从当前来看，吉林省新型城镇化与土地健康利用的交互发展状况已经摆脱失调进入基本基本协调阶段，但是未来两系统交互发展实现高度协调的任务仍然艰巨。

7.5 长春市两系统协调发展测度与分析

7.5.1 长春市动态耦合度时间变化

2000—2014 年，长春市新型城镇化与土地健康利用均呈总体提升态势，并具有一定同步性。以表 5-5、表 6-5 中，新型城镇化综合指数和土地健康利用综合指数为样本，分别对两系统进行 3 次多项式拟合和 2 次多项式拟合，得到长春市新型城镇化演

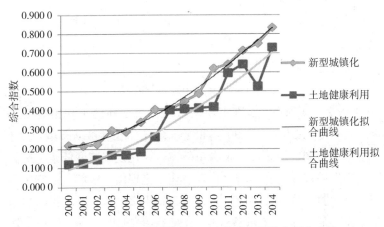

图 7-5 长春市新型城镇化与土地健康利用演化拟合曲线

化曲线 H（m）和土地健康利用演化曲线 K（n），其中拟合曲线之自变量 m 和 n 均为相应年份 t，取值范围为 2000—2014 年，结果如图 7-5 所示。

具体公式如下：

新型城镇化演化拟合曲线：

$$H(x)=(-6\text{E}-05)x^3+0.003x^2+0.003x+0.206 \quad (\text{R}^2=0.989)$$

$$(7-13)$$

土地健康利用演化拟合曲线：

$$K(x)=0.001x^2+0.019x+0.073 \quad (\text{R}^2=0.932)$$

$$(7-14)$$

长春市新型城镇化演化拟合曲线 H（m）和土地健康利用演化拟合曲线 K（n）的切线方程即为两系统演化速率表达式 VC（m）、VD（n），自变量 m 和 n 均可以年份符号 t 来表示，根据公式（7-3）、公式（7-4）计算得出，并以式（7-15）、式（7-16）表示；根据公式（7-5）计算吉林省两系统动态耦合度 θ，结果如图 7-6 所示。

新型城镇化演化速度：

$$VC(x)=(-6\text{E}-05)\times3\times x^2+0.006x+0.003$$

$$(7-15)$$

土地健康利用演化速度：

$$VD(x)=0.002x+0.019 \quad (7-16)$$

2000—2014 年，长春市新型城镇化与土地健康利用的动态耦合度 θ 范围在 $0°<\theta<90°$。2000—2004 年长春市动态耦合度 θ 属于初级协调发展阶段，长春市新型城镇化发展速度低于土地健康利用发展速度，新型城镇化发展初步显现出对区域土地健康利用的负面胁迫作用，同时，土地健康利用水平也表现出对新型城镇化发展的资源环境承载约束；2005—2014 年，长春市动态耦合度 θ 经历了初级协调发展阶段，过渡了和谐发展阶段，发展演

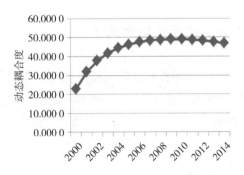

图 7-6　长春市新型城镇化域土地健康利用的动态耦合度

化至共同发展阶段，新型城镇化发展速度高于土地健康利用发展速度，且新型城镇化发展速度逐渐加快，新型城镇化和土地健康利用开始相互影响，土地健康状况对城镇化发展的约束与限制矛盾开始显露，但尚不突出。

　　总体来看，研究期内，长春市新型城镇化与土地健康利用相互作用关系明显，两系统动态耦合作用表现出由低级协调共生阶段向协调发展阶段过渡，并向共同发展阶段演化的良性耦合态势，两系统发展趋势趋于一致，土地承载容量充足，城镇化快速发展带动土地健康利用程度提高。究其原因，长春市新型城镇化与土地健康利用相互作用、相互影响，促使两系统交互作用趋向协调，但是区域土地系统承载力、抵御外部干扰能力是有限的，在一定时期内，土地利用系统通过环境污染、土地退化、自然灾害等一系列反馈形式制约区域城镇化发展，由于两系统间的相互作用、交互胁迫，使两系统逐渐向和谐发展的态势演化。而且，从未来发展演化的趋势来看，长春市新型城镇化与土地健康利用的动态耦合度 θ 趋向于接近 $45°$，未来两系统动态耦合度趋向和谐发展阶段，新型城镇化发展与土地健康利用演化速度相当，二者和谐发展。随着新型城镇化快速推进，长春市仍需高度、密切关注新型城镇化与土地健康利用的协调发展关系。

7.5.2　长春市静态耦合度时间变化

　　根据 2000—2014 年长春市新型城镇化综合指数与土地健康利用综合指数，利用公式（7-6），测算两系统静态耦合度 C，并根据表 7-2，得到 2000—2014 年长春市新型城镇化与土地健康利用的静态耦合度阶段类型，结果如图 7-7 所示。

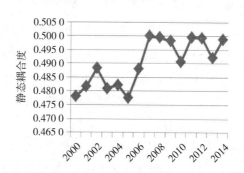

图 7-7　长春市新型城镇化与土地健康利用的静态耦合度

　　2000—2014 年，长春市新型城镇化与土地健康利用的静态耦合度 C 呈现先震荡提升后平缓波动的总体上升趋势，由 2000 年的 0.478 1 增至 2014 年的 0.498 9。从静态耦合度阶段类型来看，2000—2006 年属于拮抗阶段，2007 年属于磨合阶段，2008—2014 年属于拮抗阶段。随着长春是新型城镇化建设推进，快速城镇化进程急需土地健康利用系统的有力支撑，城市对土地利用需求不断增大，城镇化发展会对区域土地健康利用带来正面福利和负面胁迫，促使长春市新型城镇化与土地健康利用交互耦合作用逐步增强，两系统的交互耦合作用由拮抗阶段进入磨合阶段，其波动震荡为土地健康水平的快速上升提供了机会，土地在城市发展中的基础性和支撑性地位明显。

　　总体来看，长春市新型城镇化与土地健康利用的静态耦合度

C 基本呈上升趋势，研究期初至 2007 年，两系统静态耦合度 C 达到 0.500 0，两系统交互耦合作用进入磨合阶段，而 2007 年至研究期末，其静态耦合度 C 处于趋向磨合的拮抗阶段，两系统间的交互耦合作用趋向良好状态演化。在区域土地利用系统的承载下，城镇化发展促使周边地区人口、土地、产业等要素向城市集聚，极大地刺激了城市发展对土地利用的需求，促使城市地域空间扩张，带动大量农村、郊区土地非农化，城镇化发展过程促进了土地利用系统的高效化、规模化、集约化，但是城市无序、过度扩张，不合理规划导致土地利用结构不合理、土地利用功能缺失、土地利用效益低下，最终严重区域土地健康利用水平。区域土地健康利用水平的提升，会使土地利用系统的结构、功能、效益充分发挥，带动城市经济发展，优化城市生产、生活、生态、社会空间，对城镇化系统做出良性反馈，发挥健康、持续的土地资源承载力，实现两系统的良性耦合，由拮抗阶段稳定发展至磨合阶段，未来并向高水平耦合阶段的发展将需要较长时间，因此，今后一段时期，长春市仍需密切关注新型城镇化发展与土地健康利用协调发展态势。

7.5.3　长春市耦合协调度时间变化

根据 2000—2014 年长春市新型城镇化综合指数与土地健康利用综合指数，以及静态耦合度 C，利用公式（7-7）和公式（7-8），测算两系统综合协调指数 T 和耦合协调度 D，并根据表7-3，得到 2000—2014 年长春市新型城镇化与土地健康利用的协调发展类型，结果如图 7-8 所示。

2000—2014 年，长春市新型城镇化与土地健康利用的耦合协调度 D 呈持续稳定提升态势，由 2000 年的 0.284 8 增至 2014 年的 0.624 7，从其协调发展类型来看，2000—2001 年属于中度

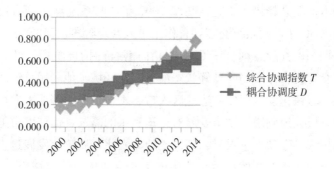

图 7-8　长春市新型城镇化与土地健康利用耦合协调度和综合协调指数

失调衰退型，2002—2005 年属于轻度失调衰退型，2006—2009
年属于濒临失调衰退型，2010—2013 年属于勉强协调发展型，
2014 年属于初级协调发展型。这说明，长春市新型城镇化与土
地健康利用交互耦合作用的协调程度逐步改善，两系统由失调衰
退交互发展至濒临失调，继而摆脱失调发展的窘境，开始发展进
入基本协调阶段。

　　总体来看，长春市新型城镇化与土地健康利用的耦合协调度
D 呈现稳定上升趋势。至研究期末，两系统耦合协调度 D 为
0.624 7，属于初级协调发展型，且两系统的综合协调指数 T 也
呈现明显的稳定提升趋势，新型城镇化与土地健康利用均向好的
方向发展。究其原因，随着新型城镇化发展理念的深入，长春市
城镇发展增加了对土地的引致需求，导致城镇空间急剧扩张，城
镇土地粗放利用、过度利用现象并存，且较为严重，从而造成二
者长期失调，但是城镇化发展为土地健康利用带来负面胁迫的同
时，其波动震荡为土地健康水平的快速上升提供了机会，区域经
济实力增强使其有更充分的资金、物质、劳动力、技术等要素投
入与土地健康相关的生态、环保事业，以有效促进土地健康水平
提升。总之，长春市新型城镇化与土地健康利用的交互发展状况
已经摆脱失调进入基本基本协调阶段，但是未来两系统交互发展

实现高度协调的任务仍然艰巨。

7.6　9 地市（州）两系统协调发展测度与分析

7.6.1　9 地市（州）静态耦合度时空变化

根据 2000 年、2007 年、2014 年吉林省 9 地市（州）新型城镇化综合指数与土地健康利用综合指数，利用公式（7-6），测算两系统静态耦合度 C，并根据表 7-2，得到 3 时期 9 地市（州）新型城镇化与土地健康利用的静态耦合度阶段类型，结果如图 7-9 所示。

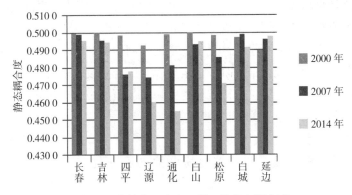

图 7-9　吉林省 9 地市（州）的静态耦合度

吉林省新型城镇化与土地健康利用不但表现出一定的时间演变规律，而且呈现一定的空间分异特征。同样，3 时期吉林省 9 地市（州）新型城镇化与土地健康利用的静态耦合度也表现出一定的空间分异特征。从静态耦合度 C 的时空演变过程来看，

3 时期吉林省 9 地市（州）具有不同程度。不同方向的发展变化。其中，长春市、吉林市、辽源市、通化市、松原市 3 时期持续递减，呈阶梯式递减态势；四平市、白山市 3 时期先降后

升，呈 V 形曲折递减态势；白城市 3 时期先升后降，呈倒 V 形曲折递减态势；延边朝鲜族自治州 3 时期持续上升，呈阶梯式递增态势。从静态耦合度阶段类型来看，2000 年吉林市、白山市属于磨合阶段，其他地区均属于拮抗阶段；2007 年和 2014 年吉林省 9 地市（州）均属于拮抗阶段。

总体来看，吉林省 9 地市（州）新型城镇化与土地健康利用的静态耦合度 C 普遍偏低，两系统相互影响、相互作用的耦合关系还存在着较大的提升空间。伴随着吉林省新型城镇化规划的制定和实施，城市对土地利用需求不断增大，城镇化发展会对区域土地健康利用带来正面福利和负面胁迫，吉林省 9 地市（州）自然环境、资源禀赋、城市发展、经济基础等方面差异显著，在未来新型城镇化规划引导下，城乡空间形态优化重构，同时带动吉林省都市群城镇区、农业主产区、生态功能主导区功能互补、共生发展，促使新型城镇化与土地健康利用交互耦合作用有力提升，实现两系统由拮抗阶段稳定发展至磨合阶段，未来并向高水平耦合阶段的发展，亟待吉林省密切关注新型城镇化发展与土地健康利用协调发展关系与演化态势。

7.6.2 9 地市（州）耦合协调度时空变化

根据 2000 年、2007 年、2014 年吉林省 9 地市（州）新型城镇化综合指数与土地健康利用综合指数，以及静态耦合度 C，利用公式（7-7）和公式（7-8），测算两系统综合协调指数 T 和耦合协调度 D，并根据表 7-3，得到 3 时期 9 地市（州）新型城镇化与土地健康利用的协调发展类型，结果如图 7-10 所示。

3 时期吉林省 9 地市（州）新型城镇化与土地健康利用的耦合协调度 D 表现出一定的空间分异特征。从耦合协调度度 D 的时空演变过程来看，9 地市（州）的协调发展度都出现一定程度

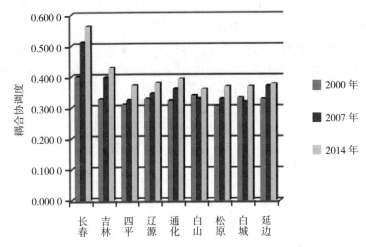

图 7-10　9 地市（州）新型城镇化与土地健康利用的耦合协调度

的提升，这种提升从长春开始，逐步扩展到吉林市，进一步向吉林省东部地区、西部地区扩展。其中，长春市、吉林市、四平市、辽源市、通化市、松原市、延边朝鲜族自治州 3 时期持续上升，呈阶梯式递增态势；白山市、白城市 3 时期先降后升，呈 V 形曲折递减态势。从协调发展类型来看，长春市、吉林市的协调发展类型均提升了一个等级，长春市由濒临失调衰退型增至勉强协调发展型，吉林市由轻度失调衰退型增至濒临失调衰退型，其他地区没有协调发展类型的提升。

　　总体来看，吉林省 9 地市（州）新型城镇化与土地健康利用的耦合协调度 D 普遍较低，但提升态势明显，两系统相互的影响、相互作用交互耦合的协调程度有所改善。另外，9 地市（州）综合协调指数 T 也呈现明显的稳定提升趋势，两系统均向好的方向发展。伴随着吉林省新型城镇化规划的制定和实施，城镇发展势必增加对土地的引致需求，吉林省 9 地市（州）自然环境、资源禀赋、城市发展、经济基础等方面差异显著，在未来新型城镇化规划引导下，城乡空间形态优化重构，导致城镇空间急剧扩张，城镇土地粗放、过度利用从而造成二者长期失调，但是城镇化发展为土地健康利用带来负面胁迫的同时，其波动震荡为土地健康水平的快速上升提供了机会，区域经济实力增强使其有更充分的资金、物质、劳动力、技术等要素投入与土地健康相关的生态、环保事业，以有效促进土地健康水平提升。因此，为实现吉林省 9 地市（州）新型城镇化与土地健康利用协调发展，未来急需吉林省密切关注 9 地市（州）新型城镇化发展与土地健康利用协调发展关系与演化态势。

7.7　本章小结

　　基于前几章关于新型城镇化与土地健康利用的相关基础理论和影响因素的理论分析，以及 2000—2014 年吉林省新型城镇化与土地健康利用时空演化特征的实证分析，引入灰色关联度模型测度两系统灰色关联度，探究其关联作用程度；引入动态耦合度模型和耦合协调度模型，综合测度分析吉林省新型城镇化与土地健康利用的协调发展关系。研究结果表明：

　　吉林省域和长春市域纵向时序的新型城镇化与土地健康利用交互作用的关联程度高，两系统发展过程中，存在高强度的相互作用、相互影响；吉林省 9 地市（州）横向截面的新型城镇化与土地健康利用交互作用的关联程度属于中等水平，但也足以说明两系统发展存在一定强度的相互影响、相互关联作用。

　　2000—2014 年，吉林省新型城镇化与土地健康利用的动态耦合作用表现出由低级协调共生阶段向初级协调发展阶段过渡，最终向共同发展阶段演化的良性耦合态势，土地承载容量充足，城镇化快速发展带动土地健康利用水平提高；两系统的静态耦合度 C 呈现先震动提升后缓慢波动的整体上升趋势，其交互耦合作用趋向良好状态演化；两系统的耦合协调度 D 呈现持续稳定提升态势，其交互耦合作用的协调程度逐步改善，由失调衰退阶段发展至基本协调阶段。

2000—2014 年，长春市新型城镇化与土地健康利用的动态耦合作用表现出由初级协调发展阶段向共同发展阶段演化的良性耦合态势，两系统发展趋势趋于一致；两系统的静态耦合度 C 呈现先震荡提升后平缓波动的总体上升趋势，至研究期末属于拮抗阶段，其交互耦合作用的波动震荡为土地健康水平的快速上升提供了机会；两系统的耦合协调度 D 呈持续稳定提升态势，其交互耦合作用的协调程度逐步改善，由失调衰退发展进入基本协调阶段。

2000—2014 年，吉林省 9 地市（州）新型城镇化与土地健康利用的静态耦合度 C 呈现明显时空分异特征，长春市、吉林市、辽源市、通化市、松原市呈阶梯式递减态势，四平市、白山市呈 V 形曲折递减态势，白城市呈倒 V 形曲折递减态势，延边朝鲜族自治州呈阶梯式递增态势；从其静态耦合度阶段类型来看，2000 年吉林市、白山市属于磨合阶段，其他地区均均属于拮抗阶段，各地区其耦合关系还存在着较大的提升空间。9 地市（州）的耦合协调度 D 均有一定程度的提升，从长春开始，逐步扩展到吉林市，进一步向东西两翼地区扩展，长春市、吉林市、四平市、辽源市、通化市、松原市、延边朝鲜族自治州呈阶梯式递增态势，白山市、白城市呈 V 形曲折递减态势，各地区均有明显提升，这表明交互耦合的协调程度有所改善；从其耦合协调类型来看，长春市、吉林市均提升了一个等级，长春市由濒临失调衰退型增至勉强协调发展型，吉林市由轻度失调衰退型增至濒临失调衰退型，其他地区等级均无变化。

第8章 吉林省新型城镇化与土地健康利用协调发展类型与发展方向

8.1 协调发展类型划分方法

　　根据吉林省新型城镇化与土地健康利用协调发展关系的综合测度结果，分别绘制吉林省、长春市、9 地市（州）协调发展类型综合体系表，同时，综合参考已有研究成果（廖重斌，1999；任志远，2011；吴次芳，2013），按照新型城镇化综合指数（A）与土地健康利用综合指数（B）的对比系数，划分两系统关系类型[217-219]，明确未来发展方向与路径，见表 8-1。

表 8-1　吉林省新型城镇化与土地健康利用协调发展对比关系类型

对比关系	基本类型	对比系数	对比基本类型
$A > B$	土地健康利用滞后型	$B/A \geqslant 0.6$	土地健康利用轻微滞后型
		$0.4 < B/A \leqslant 0.6$	土地健康利用明显滞后型
		$0 < B/A \leqslant 0.4$	土地健康利用严重滞后型
$A < B$	城镇化发展滞后型	$A/B > 0.6$	城镇化发展轻微滞后型
		$0.4 < A/B \leqslant 0.6$	城镇化发展明显滞后型
		$0 < A/B \leqslant 0.4$	城镇化发展严重滞后型
$A = B$	发展同步型	$A/B = 1$	城镇土地发展同步型

　　由表 8-1 可知，吉林省新型城镇化与土地健康利用的协调发展关系中，当 A＝B 时，新型城镇化与土地健康利用协调发展关

系最优，两系统发展同步一致。然而，研究期内，吉林省新型城镇化与土地健康利用协调发展的时空演变过程中，两系统从未表现出协调发展的最优状态。当 $A > B$ 时，区域新型城镇化发展水平高于土地健康利用水平，未来推进城镇化建设进程中，更应该注重区域土地健康利用状况的维护、提升和改善，避免只注重城镇发展，而忽略土地利用系统的内在承载力。当 $A < B$ 时，区域新型城镇化发展水平低于土地健康利用水平，区域土地利用系统尚有一定潜力空间，未来应在维护土地健康利用状况前提下，科学、有序推进健康的城镇化建设。

　　未来吉林省新型城镇化发展，必须以国家新型城镇化政策导向，依托地方城镇化建设和产业化建设，以人的城镇化为核心，以提高城镇化质量为重点，全面加强城镇综合承载能力建设，促进城乡发展共荣，走以人为本、四化同步、优化布局、生态文明、传承文化的新型城镇化道路，而此必须以区域土地利用系统健康为基础和保障；同时，城镇化发展带动区域经济实力增强使其有更充分的资金、物质、劳动力、技术等要素投入与土地健康相关的生态、环保事业，以有效促进土地健康水平提升；然而，更多情况可能是区域水土资源系统对社会环境、经济环境、生态环境带来负面胁迫，成为区域城镇发展的制约因素。由表 8-1 可知，吉林省新型城镇化与土地健康利用协调发展类型主要分为两类，即城镇化发展滞后型和土地健康利用滞后型，据此提出采取"城镇化推动主导调控型"和"土地健康提升主导调控型"的区域差别化发展路径，以促进吉林省新型城镇化与土地健康利用系协调发展的有效实现。

8.2　吉林省两系统协调发展类型与发展路径判定

　　根据 2000—2014 年吉林省、长春市及 9 地市（州）新型城镇化与土地健康利用协调发展关系的综合测度结果，分别绘制新型城镇化与土地健康利用协调发展综合体系表，明确判定吉林省两系统协调发展类型，见表 8-2，表 8-3。

表 8-2　吉林省新型城镇化与土地健康利用协调发展综合体系表

年份	吉林省				长春市			
	θ阶段	C阶段	协调发展类型	对比基本类型	θ阶段	C阶段	协调发展类型	对比基本类型
2000	低级协调共生	拮抗	中度失调衰退型	土地健康利用明显滞后型	初级协调发展	拮抗	中度失调衰退型	土地健康利用明显滞后型
2001	初级协调发展	拮抗	中度失调衰退型	土地健康利用明显滞后型	初级协调发展	拮抗	中度失调衰退型	土地健康利用明显滞后型
2002	共同发展	拮抗	中度失调衰退型	土地健康利用轻微滞后型	初级协调发展	拮抗	轻度失调衰退型	土地健康利用明显滞后型
2003	共同发展	拮抗	轻度失调衰退型	土地健康利用明显滞后型	初级协调发展	拮抗	轻度失调衰退型	土地健康利用明显滞后型
2004	共同发展	拮抗	轻度失调衰退型	土地健康利用轻微滞后型	初级协调发展	拮抗	轻度失调衰退型	土地健康利用明显滞后型
2005	共同发展	拮抗	濒临失调衰退型	土地健康利用轻微滞后型	共同发展	拮抗	轻度失调衰退型	土地健康利用明显滞后型
2006	共同发展	拮抗	濒临失调衰退型	土地健康利用轻微滞后型	共同发展	拮抗	濒临失调衰退型	土地健康利用明显滞后型
2007	共同发展	拮抗	濒临失调衰退型	土地健康利用轻微滞后型	共同发展	磨合	濒临失调衰退型	土地健康利用明显滞后型
2008	共同发展	拮抗	濒临失调衰退型	土地健康利用轻微滞后型	共同发展	拮抗	濒临失调衰退型	土地健康利用明显滞后型
2009	共同发展	拮抗	濒临失调衰退型	土地健康利用轻微滞后型	共同发展	拮抗	濒临失调衰退型	土地健康利用明显滞后型
2010	共同发展	拮抗	勉强协调发展型	土地健康利用轻微滞后型	共同发展	拮抗	勉强协调发展型	土地健康利用明显滞后型
2011	共同发展	拮抗	勉强协调发展型	土地健康利用轻微滞后型	共同发展	拮抗	勉强协调发展型	土地健康利用明显滞后型
2012	共同发展	拮抗	勉强协调发展型	土地健康利用轻微滞后型	共同发展	拮抗	勉强协调发展型	土地健康利用明显滞后型

（续）

年份	吉林省				长春市			
	θ阶段	C阶段	协调发展类型	对比基本类型	θ阶段	C阶段	协调发展类型	对比基本类型
2013	共同发展	拮抗	勉强协调发展型	土地健康利用轻微滞后型	共同发展	拮抗	勉强协调发展型	土地健康利用明显滞后型
2014	共同发展	磨合	初级协调发展型	土地健康利用轻微滞后型	共同发展	拮抗	初级协调发展型	土地健康利用明显滞后型

表 8-3 9 地市（州）新型城镇化与土地健康利用协调发展综合体系

地区	2000 年			2007 年			2014 年		
	C	协调发展类型	对比基本类型	C	协调发展类型	对比基本类型	C	协调发展类型	对比基本类型
长春	拮抗	轻度失调衰退型	土地健康利用轻微滞后型	拮抗	勉强协调发展型	土地健康利用轻微滞后型	拮抗	初级协调发展型	土地健康利用轻微滞后型
吉林	磨合	中度失调衰退型	土地健康利用轻微滞后型	拮抗	轻度失调衰退型	城镇化发展轻微滞后型	拮抗	轻度失调衰退型	城镇化发展轻微滞后型
四平	拮抗	严重失调衰退型	城镇化发展轻微滞后型	拮抗	中度失调衰退型	城镇化发展明显滞后型	拮抗	中度失调衰退型	城镇化发展明显滞后型
辽源	拮抗	中度失调衰退型	城镇化发展轻微滞后型	拮抗	中度失调衰退型	城镇化发展明显滞后型	拮抗	轻度失调衰退型	城镇化发展明显滞后型
通化	拮抗	中度失调衰退型	城镇化发展轻微滞后型	拮抗	中度失调衰退型	城镇化发展明显滞后型	拮抗	轻度失调衰退型	城镇化发展明显滞后型
白山	磨合	中度失调衰退型	城镇化发展轻微滞后型	拮抗	中度失调衰退型	城镇化发展轻微滞后型	拮抗	中度失调衰退型	城镇化发展轻微滞后型
松原	拮抗	严重失调衰退型	城镇化发展轻微滞后型	拮抗	中度失调衰退型	城镇化发展轻微滞后型	拮抗	中度失调衰退型	城镇化发展明显滞后型
白城	拮抗	中度失调衰退型	土地健康利用轻微滞后型	拮抗	中度失调衰退型	城镇化发展轻微滞后型	拮抗	中度失调衰退型	城镇化发展明显滞后型
延边	拮抗	中度失调衰退型	土地健康利用轻微滞后型	拮抗	中度失调衰退型	城镇化发展轻微滞后型	拮抗	中度失调衰退型	城镇化发展明显滞后型

通过综合分析表 8-1，表 8-2，表 8-3，可以得出以下结论：

2000—2014 年，吉林省域和长春市域两个空间尺度的新型城镇化与土地健康利用协调发展动态耦合度、静态耦合度和协调发展度均呈现上升态势，其动态耦合度阶段、静态耦合度阶段以及协调发展类型等级也有所提升，表明两系统协调发展的交互耦合作用、耦合协调程度均趋向好的方向发展。但是，从两系统对比基本类型来看，研究期内，吉林省域和长春市域的两系统仅存在土地健康利用明显滞后型向土地健康利用轻微滞后型转变，转型速度相对缓慢，且土地健康利用滞后始终是制约吉林省新型城镇化与土地健康利用协调发展的重要因素。因此，未来吉林省和长春市均应该采取"土地健康提升主导调控型"的区域发展路径，以促进吉林省新型城镇化与土地健康利用系协调发展的有效实现。

2000 年、2007 年和 2014 年，吉林省 9 地市（州）新型城镇化与土地健康利用的静态耦合度发展演化缓慢、停滞不前，其静态耦合度阶段除吉林市、白山市出现了 2000—2007 年由磨合向拮抗的退化外，其他地区 3 时期均未发生变化，这说明从吉林省 9 地市（州）的横向截面数据来看，两系统交互耦合作用提升缓慢；9 地市（州）新型城镇化与土地健康利用的耦合协调度 3 时期均有明显上升，且多数地区的协调发展类型等级也有提升，但是至 2014 年，除长春市摆脱失调窘况发展为初级协调发展类型外，其他地区两系统发展仍有失协调。从 2014 年的两系统对比基本类型来看，长春市为土地健康利用轻微滞后型，这与长春市域纵向时序数据研究结果相一致，吉林市、白山市为城镇化发展轻微滞后型，其他地区为城镇化发展明显滞后型。因此，未来长春市应采取"土地健康提升主导调控型"的区域发展路径，其他地区采取"城镇化推动主导调控型"的区域发展路径，以促进吉林省 9 地市（州）新型城镇化与土地健康利用协调发展的有效实现。

8.3　"城镇化推动主导调控型"发展路径分析

针对"城镇化推动主导调控型"的地区，在新型城镇化与土地健康利用发展过程中，应注重推动城镇发展，按照新型城镇化建设的理念，通过积极推进城镇化建设，为土地健康利用提升创造更多的物资保障、设施配套和科技创新；通过城乡统筹协调发展，增加地区人均收入，进而引导城乡生产、生活方式的高效、集约化转型发展；同时医疗、教育、社会保障等社会城镇化水平的提升将进一步刺激土地需求，引导地区土地集约节约利用；生态环境维护治理和提升有利用土地利用系统的生态功能充分发挥，为区域新型城镇化推进提供生态宜产宜居的城镇空间；文化传承、科技创新和技术研发的良好组合为各产业提供有力的技术支持，通过城镇化的良性发展带动土地健康利用的技术提升，从而改善区域土地健康利用状况，最终达到新型城镇化与土地健康利用协调发展、互为促进的目标。针对城镇发展滞后型区域，结合吉林省新型城镇化规划，未来城镇化重点推动以下几方面工作[22]。

优化城镇化形态格局。依托城市空间分布和发展基础，逐步构建以长吉大都市区为核心，以四平市、辽源市、松原市为支点的吉林中部城市群，与哈尔滨等城市互动发展，成为培育哈长城市群的核心支撑。围绕城镇化主体形态格局，加快交通、水源、能源、通信基础设施建设，合理安排建设时序，推进形成与城镇化同步发展的现代基础设施体系[220-223]。

稳步推进城镇常住人口市民化。按照自愿、分类、有序的原则，统筹推进户籍制度改革和公共服务均等化，逐步实现农业转移人口和"三区"人口市民化。

强化地区产业就业支撑能力。以新一轮老工业基地振兴为发展契机，坚持以城聚产、以产兴城、产城融合发展，进一步调整优化产业布局和结构，巩固提升传统产业，培育壮大战略性新兴产业，加快发展服务业，强化产业平台和服务体系建设，全面提升产业整体竞争力，有效扩大城镇就业容量[22,220-223]。

提高城镇综合承载能力。加快转变城镇发展方式，优化功能布局，全面增强基础设施、公共服务、生态环境承载能力和安全发展能力，有效预防和治理"城市病"，建设和谐宜居城镇。

提升城市发展品质。按照多元发展、彰显特色、提升质量的原则，增强城市发展活力，推进新型城市建设，创新城市管理，全面增强城市吸引力。

统筹城乡协调发展。坚持工业反哺农业、城市支持农村的方针，加大统筹城乡发展力度，提升现代农业发展水平，增强农村发展活力，逐步缩小城乡差距，促进城乡共同繁荣发展。

完善城镇化发展体制机制。创新和完善人口服务和管理政策，推进人口管理制度改革。坚持最严格的耕地保护制度和集约节约用地制度，推进土地管理制度改革。健全城镇住房制度，建立市场配置和政府保障相结合的住房制度。强化生态环境保护制度，实行严格的资源开发节约利用和生态环境保护制度，形成生态文明建设的制度硬约束[22,220-223]。

8.4 "土地健康提升主导调控型"发展路径分析

针对"土地健康提升主导调控型"的地区，在新型城镇化与土地健康利用发展过程中，应注重维护、改善区域土地利用系统健康状况，按照土地健康利用的内涵，积极、合理调整人口发展政策、土地利用战略，有效缓解人类活动强度、经济社会发展对区域土地利用系统的压力；重点关注区域土地利用系统健康状态，通过区域经济发展水平、土地节约集约利用水平、生态环境质量反映区域土地利用系统健康状态，有效提升区域土地利用系统对压力和冲突的抗干扰能力和适应能力；通过区域的政策保护对策和环境治理手段，提升区域生态环境质量，促进区域土地利用系统朝着健康的方向发展，实现土地可持续利用，最终达到新型城镇化与土地健康利用协调发展、互为促进的目标。针对土地健康利用滞后型区域，结合吉林省土地利用总体规划，未来土地健康利用重点开展以下几方面工作[224-227]。

实施城镇空间发展战略，优化建设用地布局。加强用地标准管控，推进城镇建设用地优化配置；坚持差异化的人均用地标准，加强大城市、中等城市、小城市和建制镇用地管理和调控。合理调整工矿用地布局，提高工矿用地综合效益，科学配置不同类型和不同规模的企业用地，促进区域产业链、产业集群的培育和形成。优化新农村建设用地布局，切实保障农村各项社会事业的发展用地，保证农业产业化发展用地空间，因地制宜支持新农村建设。科学配置基础设施建设用地，如水利设施用地、交通用地、能源用地，提升基础设施服务水平[224-227]。

加强节约用地引导管控，推进集约高效用地。严格控制建设用地总量，积极盘活存量建设用地，实行消化存量建设用地与安排新增建设用地相挂钩，促进存量土地的盘活挖潜。从经济社会长远发展及挖掘土地集约利用潜力出发，编制产业用地规划，合理布局产业用地，鼓励主导产业集中建设，鼓励"退二进三"等形式的产业用地置换，提高土地资源利用效率，促进产业用地效益提升。

严格空间管制，统筹安排城乡建设用地。逐级划定城乡建设用地扩展边界，落实城乡建设用地空间管制制度。加强建设用地时序控制，统筹安排建设增量与流量，建立盘活存量建设用地激励机制，充分挖掘存量建设用地潜力，提高现有建设用地对经济社会发展的支撑潜力。

统筹区域土地利用，实行差别化土地调控政策。依据吉林省经济发展布局，综合区域自然状况、土地利用、经济社会结构等因素，将吉林省划分为东部、中部、西部三个土地利用综合区。吉林东部包括延边朝鲜族自治州、白山市和通化市，该区是吉林省的天然绿色屏障，加强林地保护，实施天然林保护、重点公益林建设工程，充分发挥天然生态屏障作用是土地利用的主要方向。吉林中部包括长春市、吉林市、四平市、辽源市，该区是全省经济发展核心，正确处理经济发展与耕地保护的关系，严格控制建设占用耕地总量，保持耕地总量基本稳定是土地利用的主要方向。吉林西部包括白城市和松原市，该区后备土地资源丰富，是草原和重要湿地的集中分布地区，科学开发后备土地资源，稳定耕地规模，实现耕地总量动态平衡是土地利用的主要方向。加大中低产田改造力度，对严重"三化"的耕地进行退耕还林还草还水。集中发展重点城镇，满足重点城镇和重点产业发展用地需求[224-227]。

8.5 本章小结

基于前几章关于新型城镇化与土地健康利用的相关基础理论和影响因素的理论分析，吉林省新型城镇化与土地健康利用时空演化特征的实证分析，以及吉林省新型城镇化与土地健康利用的协调发展关系测度结果，依据协调发展类型划分方法，合理判定吉林省两系统协调发展具体类型与发展路径，并提出针对性发展对策及建议。研究结果表明：

2000—2014年，吉林省域和长春市域的新型城镇化与土地健康利用总体上表现出土地健康利用明显滞后型向土地健康利用轻微滞后型转变，转型速度相对缓慢，且土地健康利用滞后始终是制约省域新型城镇化与土地健康利用协调发展的重要因素。因此，未来吉林省和长春市均应该采取"土地健康提升主导调控型"是以促进吉林省新型城镇化与土地健康利用系协调发展的主要路径。

2000—2014 年，吉林省 9 地市（州）新型城镇化与土地健康利用协调发展关系存在空间差异，长春市为土地健康利用轻微滞后型，这与长春市域纵向时序数据研究结果相一致，吉林市、白山市为城镇化发展轻微滞后型，其他地区为城镇化发展明显滞后型。未来长春市采取"土地健康提升主导调控型"的区域发展路径，其他地区采取"城镇化推动主导调控型"的区域发展路径，以促进吉林省 9 地市（州）新型城镇化与土地健康利用协调发展的有效实现。

第9章　结论与展望

9.1　研究结论与创新点

9.1.1　主要研究结论

本书是针对新型城镇化与土地健康利用协调发展关系的研究。在科学、深入界定"新型城镇化""土地健康利用"的内涵基础上，以"新型城镇化测度—土地健康利用测度—新型城镇化与土地健康利用协调发展关系测度分析"为研究思路，主要包括三个部分，第一部分对新型城镇化与土地健康利用相关基础理论的界定与阐述；第二部分测度吉林省新型城镇化综合指数、土地健康利用综合指数；第三部分测度、分析吉林省新型城镇化与土地健康利用协调发展关系、具体类型与发展方向。

通过上述研究，得到的主要结论如下：

（1）吉林省新型城镇化发展演变与时空格局特征

吉林省新型城镇化综合指数与各评价指标的关联度排名前10位的因子：城市居民人均消费支出、城乡人均消费支出差异、工业废气排放总量、工业固体废物产生量、农村居民人均消费支出、城镇基本养老保险参保人数、人均城市道路面积、研究与试验发展人员折合全时当量、人均公园绿地面积。万人拥有医疗卫生机构数。长春市新型城镇化综合指数与各评价指标关联度排名前10位的因子：城市居民人均消费支出、城乡人均消费支出差异、城镇基本养老保险参保人数、工业固体废物产生量、人均城市道路面积、人均公园绿地面积、工业企业研究与试验发展人员、公共图书馆藏书、农村居民人均消费支出、工业废水排放量。

2000—2014年，吉林省新型城镇化综合指数由2000年的0.2079增至2014年的0.8381，其新型城镇化水平由较低水平（Ⅳ类）逐步发展至高水平（Ⅰ类）。研究期年平均增长率达10.81%，持续上升趋势明显，研究期内经历了"W形"波动提升初期（2000—2005年）—"左凸形"急剧提升中期（2005—2009年）—"右凸形"稳健提升后期（2009—2014年），这说明吉林省城镇化发展质量趋于优化，新型城镇化水平不断提高。

2000—2014年，长春市新型城镇化综合指数由2000年的0.2194增至2014年的0.8347，其新型城镇化水平由较低水平（Ⅳ类）逐步发展至高水平（Ⅰ类）。研究期年平均增长率达10.45%，持续上升趋势明显，研究期内经历了"W形"稳健提升初期（2000—2006年）—"左凹形"迅速提升中期（2006—2010年）—"W形"稳健提升后期（2010—2014年），这说明长春市城镇化发展稳中有波动震荡但总体提升，新型城镇化水平不断提高。

2000—2014年，吉林省9地市（州）新型城镇化水平空间差异显著。长春市水平最高且提升明显，其他地区相对偏低且发展缓慢；通过分析3时期9地市（州）新型城镇化水平与同期省平均水平的差距可知，3时期9地市（州）逐步呈现出梯形均衡发展格局、金字塔形分化发展格局、纺锤形极化发展格局，区域极化特征尤为明显；通过分析其具体类型可知，区域新型城镇化发展缓慢，但总体呈趋好态势。

（2）吉林省土地健康利用演变与时空格局特征

吉林省土地健康利用综合指数与各评价指标关联度排名前10位的因子：地均GDP、人均GDP、城镇人均可支配收入、农民人均纯收入、城市污水处理率、固定资产投资增长率、土地垦殖率、工业固体废物综合利用率、人均耕地面积、工业废水排放达标率。长春市土地健康利用综合指数与各评价指标关联度排名前10位的因子：地均GDP、城镇人均可支配收入、农民人均纯收入、科技投资强度、人均建设用地面积、土地城镇化率、人均GDP、固定资产投资增长率、城市化水平、工业固体废物综合利用率。

2000—2014年，吉林省土地健康利用综合指数由2000年的0.094 7增至2014年的0.832 6，其土地健康利用水平由病态水平（Ⅴ类）逐步发展至健康水平（Ⅰ类）。研究期年平均增长率达17.26%，持续上升趋势较为明显，研究期内经历了"W形"稳步提升初期（2000—2005年）—"左凸形"缓慢发展中期（2005—2009年）—"阶梯形"快速提升后期（2009—2014年），这说明吉林省土地健康利用水平稳步提高。

2000—2014年，长春市土地健康利用综合指数由2000年的0.120 0增至2014年的0.730 0，其土地健康利用水平由病态水平（Ⅴ类）逐步发展至亚健康水平（Ⅱ类）。研究期年平均增长率达15.45%，上升幅度较大但波动明显，研究期内经历了"W形"平缓提升初期（2000—2006年）—"左凸形"急速提升中期（2006—2010年）—"N形"波动震荡提升后期（2010—2014年），总体趋向好的方向发展，但是多年波动起伏，发展较为曲折。

2000—2014年，吉林省9地市（州）土地健康利用水平普遍偏低，中、东部地区优于西部地区，且地区间差距较大；通过分析 3 时期 9 地市（州）土地健康利用水平与同期省平均水平的差距可知，3 时期 9 地市（州）逐步呈现梯形均衡发展格局、梯度分化发展格局、显著梯度分化发展格局，区域梯度集聚特征尤为明显；通过分析其具体类型可知，区域土地健康利用状况改善较为缓慢，均处于临界健康水平以下（Ⅲ类），发展形势较为严峻。

（3）吉林省新型城镇化与土地健康利用协调发展关系演变与时空格局特征

2000—2014 年，吉林省新型城镇化与土地健康利用的动态耦合度 θ 范围在 $-90°<\theta<90°$，两系统相互作用关系明显，动态耦合作用表现出由低级协调共生阶段向初级协调发展阶段过渡，最终向共同发展阶段演化的良性耦合态势，两系统发展趋势趋于一致，土地承载容量充足，城镇化快速发展带动土地健康利用水平提高；两系统的静态耦合度 C 呈现先震动提升后缓慢波动的整体上升趋势，至研究期末，动态耦合度 C 为 0.500 0，属于磨合阶段，两系统的交互耦合作用趋向良好状态演化；两系统的耦合协调度 D 呈现持续稳定提升态势，至研究期末，耦合协调度 D 为 0.646 3，其交互耦合作用的协调程度逐步改善，由失调衰退阶段发展至基本协调阶段。

2000—2014 年，长春市新型城镇化与土地健康利用的动态耦合度 θ 范围在 $0°<\theta<90°$，两系统相互作用关系明显，动态耦合作用表现出由初级协调发展阶段向共同发展阶段演化的良性耦合态势，两系统发展趋势趋于一致，土地承载容量充足，城镇化快速发展带动土地健康利用程度提高；两系统的静态耦合度 C 呈现先震荡提升后平缓波动的总体上升趋势，至研究期末，静态耦合度 C 为 0.498 9，属于拮抗阶段，其交互耦合作用的波动震荡为土地健康水平的快速上升提供了机会，土地在城市发展中的

基础性和支撑性地位明显；两系统的耦合协调度 D 呈持续稳定提升态势，至研究期末，耦合协调度 D 为 0.624 7，其交互耦合作用的协调程度逐步改善，由失调衰退发展进入基本协调阶段。

2000—2014 年，9 地市（州）新型城镇化与土地健康利用的静态耦合度 C 表现出一定的时空分异特征，长春市、吉林市、辽源市、通化市、松原市 3 时期持续递减，呈阶梯式递减态势，四平市、白山市 3 时期先降后升，呈 V 形曲折递减态势，白城市 3 时期先升后降，呈倒 V 形曲折递减态势，延边朝鲜族自治州 3 时期持续上升，呈阶梯式递增态势；从其静态耦合度阶段类型来看，2000 年吉林市、白山市属于磨合阶段，其他地区均属于拮抗阶段，2007 年和 2014 年 9 地市（州）均属于拮抗阶段，9 地市（州）静态耦合度 C 普遍偏低，其耦合关系还存在着较大的提升空间。9 地市（州）的耦合协调度 D 表现出一定的时空分异特征，各地区均有一定程度的提升，从长春开始，逐步扩展到吉林市，进一步向吉林省东部地区和西部地区扩展，长春市、吉林市、四平市、辽源市、通化市、松原市、延边朝鲜族自治州 3 时期持续上升，呈阶梯式递增态势，白山市、白城市 3 时期先降后升，呈 V 形曲折递减态势；从其协调发展类型来看，长春市、吉林市均提升了一个等级，长春市由濒临失调衰退型增至勉强协调发展型，吉林市由轻度失调衰退型增至濒临失调衰退型，其他地区均无变化；9 地市（州）的耦合协调度 D 普遍较低，但提升态势明显，其交互耦合的协调程度有所改善。

（4）吉林省新型城镇化与土地健康利用协调发展类型与发展方向判定

2000—2014 年，吉林省域和长春市域的新型城镇化与土地健康利用仅存在土地健康利用明显滞后型向土地健康利用轻微滞后型转变，转型速度相对缓慢，且土地健康利用滞后始终是制约吉林省新型城镇化与土地健康利用协调发展的重要因素。因此，未来吉林省和长春市均应该采取"土地健康提升主导调控型"的区域发展路径，以促进吉林省新型城镇化与土地健康利用系协调发展的有效实现。

2000—2014 年，吉林省 9 地市（州）新型城镇化与土地健康利用协调发展关系中，长春市为土地健康利用轻微滞后型，这与长春市域纵向时序数据研究结果相一致，吉林市、白山市为城镇化发展轻微滞后型，其他地区为城镇化发展明显滞后型。未来长春市采取"土地健康提升主导调控型"的区域发展路径，其他地区采取"城镇化推动主导调控型"的区域发展路径，以促进吉林省 9 地市（州）新型城镇化与土地健康利用协调发展的有效实现。

9.1.2 创新点

（1）以综合界定的"新型城镇化"内涵为基础，结合研究区实际，从以人为本、统筹城乡、集约高效、生态文明、文化传承 5 个方面，构建了"省域－市域"的纵向时序＋横向截面的多尺度时空复合的新型城镇化水平综合评价体系。基于土地健康利用的内涵界定，构建了基于 PSR 框架模型的吉林省"省域-市域"的纵向时序＋横向截面的多尺度时空复合的土地健康利用综合评价体系。

（2）以土地健康利用为目的，探讨城镇化与土地利用之间的相互关系。区别于以往研究城镇化与土地利用的相关关系，已有研究成果多集中于城镇化与土地集约利用、土地利用效率、土地利用效益、农地非农化、水土资源系统的结合研究等，更多侧重于土地资源作为城镇化发展的物质要素投入或承载空间扩展，这一点毋庸置疑。但更为重要的，城镇化进程是人口、产业、资本、土地等要素的空间集聚，离不开土地作为要素投入，更不开土地利用系统对于区域城镇化投入，产出过程中的生产、生活、生态、文化空间的承载。由于城镇化进程是局域渐进式的，对土地利用系统的影响是全域的，城镇化发展为城乡地域系统带来了经济社会的物质财富和精神品质，同时又会对城乡地域系统产生负面胁迫，这都可从区域土地利用系统健康状况反映出来。因此，本书将新型城镇化与土地健康利用视为两个系统，以土地健康利用为最终目的，研究区域两系统之间的协调关系及实现路径，对区域可持续发展具有重要意义。

9.2　研究不足与展望

本书仅研究了 2000 年、2007 年、2014 年吉林省 9 地市（州）新型城镇化综合指数和土地健康利用综合指数时空分异特征，但是对于两系统空间关联特征及其动态演变规律研究并未涉及。需要在今后研究中进一步收集相关资料数据，探究新型城镇化与土地健康利用空间关联特征及其动态演变规律。

本书的新型城镇化与土地健康利用协调发展研究主要是以吉林省省域尺度和市域尺度为研究对象的中宏观领域的研究，是对吉林省域、长春市域的纵向时序和吉林省 9 地市（州）的横向截面的新型城镇化与土地健康利用协调发展关系的探索，因此未来研究过程中，有待开展对更小区域单元即县（市、区）的新型城镇化与土地健康利用的协调发展状况与模式进行深入研究，研究结论更具有针对性。

参考文献 ≫

［1］陆大道，姚士谋．中国城镇化进程的科学思辨［J］．人文地理，2007，
22（4）：1-5.

［2］姚士谋，吴建楠，朱天明，等．农村人口非农化与中国城镇化问题
［J］．地域研究与开发，2009，28（3）：36-41.

［3］傅超，刘彦随．我国城镇化和土地利用非农化关系分析及协调发展策
略［J］．经济地理，2013，03：47-51.

［4］Wieand K. An extension of the monocentric urbanspatial equilibrium
model to a multicenter setting：the case of the two center city［J］.
Journal of Urban Economics，1987（21）：259-271.

［5］Louw E. Land assembly for urban transformation：the case of s-
Hertogenbosch in theNetherlands［J］. Land Use Policy，2008，25
（1）：69-80.

［6］Steven A G，Jose A F，Glenn E M. A multiobjective optimization
approach to smart growth in land development［J］. Socio Economic
Planning Sciences，2006（40）：212-248.

［7］冯兴华，钟业喜，吴巍，李波．新型城镇化背景下江西省城市人口增
长与土地扩张协调性研究［J］．地理与地理信息科学，2016（3）：
81-88.

［8］朱天舒，秦晓微．城镇化路径：转变土地利用方式的根本问题［J］.
地理科学，2012（11）：1348-1352.

［9］Downs A. What does smart growth really mean［J］. Planning，2001
（1）：67.

［10］Kok K，VerburgP H，Veldkamp T. Integrated assessment of the land

system：the future of land use ［J］. Land Use Policy，2007，24（3）：
517-520.

［11］ Huff G，Angeles L. Globalization，industrialization and urbanization in
Pre-World War II Southeast Asia Explorations in Economic History，
2011，48（1）：20-36.

［12］ 新华社. 国家新型城镇化规划［N］. 人民日报，2014-03-17（009）.

［13］ 陆大道，陈明星. 关于"国家新型城镇化规划（2014—2020）"编制
大背景的几点认识［J］. 地理学报，2015（2）：179-185.

［14］ 杨勇，郎永建. 开放条件下内陆地区城镇化对土地利用效率的影响及
区位差异［J］. 中国土地科学，2011（10）：19-26.

［15］ 范辉，刘卫东，吴泽斌，张恒义. 浙江省人口城市化与土地城市化的
耦合协调关系评价［J］. 经济地理，2014（12）：21-28.

［16］ 李涛，廖和平，杨伟，庄伟，时仅. 重庆市"土地、人口、产业"城
镇化质量的时空分异及耦合协调性［J］. 经济地理，2015（5）：
65-71.

［17］ 李松，张小雷，李寿山，杜宏茹. 新疆城市土地利用与城市发展和谐
度及时空分异［J］. 干旱区资源与环境，2014（3）：23-30.

［18］ Deng X Z，Huang J K，Rozelle S. Growth，population and industrialization，
and urban land expansion of China Journal of Urban Economics，2008，63
（1）：96-115.

［19］ Choy L H T，Lai Y，Lok W. Economic performance of industrial
development on collective land in the urbanization process in China：
Empirical evidence from Shenzhen［J］. Habits International，2013，
37（40）：184—193.

［20］ 张明斗，莫冬燕. 城市土地利用效益与城市化的耦合协调性分析——
以东北三省 34 个地级市为例［J］. 资源科学，2014（1）：8-16.

［21］ 张乐勤，陈素平，陈保平，张勇. 城镇化与土地集约利用耦合协调度
测度——以安徽省为例［J］. 城市问题，2014（2）：75-82.

［22］ 周延江. 吉林省新型城镇化布局及发展策略［J］. 中国农业资源与
区划，2017，38（1）：152-156，192.

[23] 胡述聚. 新型城镇化背景下吉林省城镇体系空间结构的调查与优化研究 [D]. 长春：东北师范大学，2015.

[24] 尹鹏，陈才，梁振民，段佩利. 吉林省新型城镇化格局的空间演变分析 [J]. 世界地理研究，2015（3）：110-117.

[25] 徐绍史. 推动东北地区等老工业基地实现全面振兴 [J]. 中国经贸导刊，2016（15）：4-5.

[26] 刘慧，叶尔肯·吾扎提，王成龙. "一带一路"战略对中国国土开发空间格局的影响 [J]. 地理科学进展，2015（5）：545-553.

[27] 郑研. 国务院批复《全国老工业基地调整改造规划（2013—2022年）》[N]. 中国信息报，2013-04-09（001）.

[28] 新华社. 研究部署党风廉政建设和反腐败工作审议《关于全面振兴东北地区等老工业基地的若干意见》[N]. 人民日报，2015-12-31（001）.

[29] 李秋颖，方创琳，王少剑，王洋. 山东省人口城镇化与空间城镇化协调发展及空间格局 [J]. 地域研究与开发，2015（1）：31-36.

[30] 郭施宏，王富喜，高明. 山东半岛人口城市化与土地城市化时空耦合协调关系研究 [J]. 经济地理，2014（3）：72-78.

[31] 刘萌，冯长春，曹广忠. 中国城市土地投入产出效率与城镇化水平的耦合关系——对286个地级及以上城市行政单元的分析 [J]. 中国土地科学，2014（5）：50-57.

[32] 刘法威，许恒周，王姝. 人口-土地-经济城镇化的时空耦合协调性分析——基于中国省际面板数据的实证研究 [J]. 城市发展研究，2014（8）：7-11.

[33] 刘浩，张毅，郑文升. 城市土地集约利用与区域城市化的时空耦合协调发展评价：以环渤海地区城市为例 [J]. 地理研究，2011，30（10）：1805-1817.

[34] 陈明星，陆大道，查良松. 中国城市化与经济发展水平关系的国际比较 [J]. 地理研究，2009，28（2）：464-474.

[35] 刘宝涛，王冬艳，刘惠清. 城镇化发展与土地健康利用协同演化关系——以长春市为例 [J]. 经济地理，2016（10）：76-83.

［36］ Chenery H B. Patterns of Development: 1950—1970 ［M］. Oxford University Press，1957.

［37］ Berry B. City Classification Handbook: Methods and Application ［M］. John Wiley and Sons Inc，1971.

［38］ Lucas. R. E.，On the Mechanics of Economic Development ［J］. Journal of Monetary Economics，1988，(1)：3-42.

［39］ Fay M，Opal C. Urbanization without Growth: A Not so Uncommon Phenomenon ［R］. TheWorld Bank，Washington，DC. Working Paper，2000.

［40］ Moomaw R L，Shatter A M. Urbanization and Economic Development: A Bias toward Large Cities ［J］. Journal of Urban Economics，1996，40 (1)：21-32.

［41］ Ortega J. Pareto-improving Immigration in an Economy with Equilibrium Unemployment ［J］. The Economic Journal，2000，110 (1)：112-120.

［42］ Kawsar M. A. Urbanization，Economic Development and Inequality ［J］. Bangladesh ResearchPublications Journal，2012 (4)：440-448.

［43］ Quintana D C. Agglomeration，Inequality and Economic Growth: Cross-section and panel dataanalysis ［R］. Working Paper，2011.

［44］ Farahmand S，Akhari N. Spatial Affects of Localization and Urbanization Economies on UrbanEmployment Growth ［J］. Journal of Geography and Regional Planning，2012 (2)：115-121.

［45］ Peres R，Muller E. Innovation Diffusion and New Product Growth Models: A Critical Reviewand Research Directions ［J］. International Journal of Research in Marketing，2010，27 (2)：91-106.

［46］ Gallup J L. Sacks J D，Mellinger A. Geography and Economic Development ［J］. International Regional Science Review，1999，22 (1)：179-232.

［47］ Mc Donald，Kareiva. The Implications of Current and Future Urbanization for Global ProtectedAreas and Biodiversity Conservation ［J］. Biological Conservation，2008 (4)：1695-1703.

［48］ Henderson V. Urbanization in Developing Countries ［M］. Oxford

University Press，2002.

[49] Downs A. Still Stuck in Traffic：Coping with Peak-hour Traffic Congestion [M].Betsy Kulamer，2004.

[50] Sanidad-Leones C V. The Current Situation of Crime Associated with Urbanization：Problems Experienced and Countermeasures Initiated in thePhilippines [J].Resource Material Series，2006 (8)：133-150.

[51] Northam R M. Urban Geography [M].New York：John Wiley and Sons，Inc.，1979.

[52] 许学强，周一星，宁越敏.城市地理学 [M].北京：高等教育出版社，1997.

[53] UnitedNations Center for Hunan Settlements. An Urbanizing World：Global Report on Human Settlements [M].Oxford University Press，1996.

[54] 杨仪青.新型城镇化发展的国外经验和模式及中国的路径选择 [J].农业现代化研究，2013 (4)：385-389.

[55] Kang S. Spiller M，Jang. K. Spatiotemporal Analysis of Macroscopic Patterns of Urbanization and Traffic Safety [J].Journal of the Transportation Research Board，2012 (10)：45-51.

[56] Michaels G. Rauch F. Urbanization and Structural Transformation [J]. The Quarterly Journal of Economics，2012 (2)：535-586.

[57] 王建廷.区域经济发展动力与动力机制 [M].上海：上海人民出版社，2007.

[58] Roger C. K. Chan，Yao Shimou. Urbanization and Sustainable Metropolitan Development in China：Patterns，Problems and Prospects [J].Geo Journal 1999，49 (1)：269-277.

[59] Gottmann J. Megalopolis or the Urbanization of the Northeastern Seaboard [J].Economic Geography，1957 (3)：189-200.

[60] Michael C Seeborg. The New Rural-urban Labor mobility in China：Causes and Implications [J].Journal of Socio-Economics，2000，29 (1)：39-56

［61］Gibbs R M. Bernat G A. Rural Industry Clusters Raise Local Earning ［J］. Rural Development Perspectives，1997 (12)：18-25.

［62］Anderson R. Urbanization，Productivity，and Innovation：Evidence from Investment in Higher Education ［J］. Journal of Urban Economics，2009 (2)：1-15.

［63］Lo Fu-chen，Marcotullio P J. Globalisation and Urban Transformations in the Asia-PacificRegion：A Review ［J］. Urban Studies，2000，37 (1)：34-46.

［64］Hutton T A ServiceIndustries. Globalization and Urban Restructuring within the Asia-Pacific：New Development Trajectories and Planning Responses ［J］. Progress in Planning，2003，61 (1)：67-78.

［65］曹桂英，任强. 未来全国和不同区域人口城镇化水平预测 ［J］. 人口与经济，2005 (4)：51-57.

［66］肖万春. 论中国城镇化水平度量标准的合理化 ［J］. 社会科学辑刊，2006 (1)：112-117.

［67］陈晓倩，张全景. 城镇化水平测定方法构建与案例 ［J］. 地域研究与开发，2011 (4)：76-80.

［68］胡序威. 沿海城镇密集地区空间集聚与扩散研究 ［J］. 城市规划，1998 (6)：22-29.

［69］叶裕民. 中国城市化之路 ［M］. 北京：商务印书馆，2001.

［70］孔凡文，许世卫. 论城镇化速度与质量协调发展 ［J］. 城市问题，2005 (5)：58-61.

［71］周一星. 关于中国城镇化速度的思考 ［J］. 城市规划，2006 (1)：32-36.

［72］陈明，王凯. 我国城镇化速度和趋势分析 ［J］. 城市规划，2013 (5)：16-22.

［73］赵燕菁. 专业分工与城市化：一个新的分析框架 ［J］. 城市规划，2000 (6)：17-21.

［74］朱洪祥. 山东省城镇化发展质量测度研究 ［J］. 城市发展研究，2007 (5)：37-44.

[75] 张春梅,张小林,等.发达地区城镇化质量的测度及其提升对策—以江苏省为例[J].经济地理,2012(7):50-55.

[76] 沈正平.优化产业结构与提升城镇化质量的互动机制及实现途径[J].城市发展研究,2013(5):70-75.

[77] 相伟.深度城市化战略的内涵与实施保障研究[J].经济纵横,2012(4):49-53.

[78] 张明斗,王雅莉.中国新型城市化道路的包容性发展研究[J].城市发展研究,2012(10):6-11.

[79] 辜胜阻,朱农.中国城镇化的区域差异及其区域发展模式[J].中国人口科学,1993(1):7-16.

[80] 吕文明,刘海燕.湖南省城镇化区域差异与协调发展对策[J].经济地理,2007(3):467-469.

[81] 巴曙松.城镇化区域差异与融资机制[J].中国金融,2013(8):16-17.

[82] 饶会林,曲炳全.集中型与集约化:中国城市化道路的最佳选择[J].财经问题研究,1990(4):1-6.

[83] 王小鲁,夏小林.优化城市规模推动经济增长[J].经济研究,1999(9):22-29.

[84] 马春辉.还是应走大城市化道路[J].开放导报,2003(4):39-40.

[85] 周铁训.大城市化战略:中国实现城市化的必由之路[J].城市,2003(6):20-23.

[86] 王雅莉.大城市化及其经济政策[J].城市,2004(4):13-16.

[87] 刘勇,林家彬.十一五时期中国城镇化战略思考[J].城市发展研究,2006(2):85-89.

[88] 蒋国平.资源节约型城镇化发展道路探析[J].改革与战略,2006(8):39-41.

[89] 张明斗,王雅莉.中国新型城市化道路的包容性发展研究[J].城市发展研究,2012(10):6-11.

[90] 王雅莉,张明斗.中国民生型城镇化的框架设计与优化路径研究[J].城市发展研究,2013(5):62-69.

[91] 辜胜阻，易善策．中国特色城镇化道路研究［J］．中国人口资源与环境，2009（1）：47-51.

[92] 孙久文，叶振宇．走中国特色城镇化道路的若干问题探讨［J］．中州学刊，2009（3）：50-54.

[93] 马凯．转变城镇化发展方式　提高城镇化发展质量　走出一条中国特色的城镇化道路［J］．国家行政学院学报，2012（5）：4-12.

[94] 阎小培．中国乡村-城市转型与协调发展［M］．北京：科学出版社，1998.

[95] 辜胜阻，刘传江．人口流动与农村城镇化战略管理［M］．武汉：华中理工大学出版社，2000.

[96] 胡智勇．新时期沿海发达地带城市化动力机制与战略对策的实例研究［J］．科技进步与对策，2001（6）：27-29.

[97] 宁越敏．新城市化进程——90年代中国城市化动力机制和特点探讨［J］．地理学报，1998（5）：470-477.

[98] 石忆邵．沪苏浙经济发展的趋异性特征及区域经济一体化［J］．中国工业经济，2002（9）：23-31.

[99] 朱磊，诸葛燕．温州城市化机制研究［J］．经济地理，2002（S1）：166-170.

[100] 张培刚．发展经济学教程［M］．北京：经济科学出版社，2001.

[101] 汪冬梅，刘廷伟，等．产业转移与发展：农村城市化的中观动力［J］．农业现代化研究，2003（1）：15-20.

[102] 陈柳钦．论城市化发展的动力机制——从产业结构转移与发展的视角来研究［J］．现代经济探讨，2005（1）：10-15

[103] 赵君，肖洪安．农村城市化动力机制和战略思路探讨［J］．农业现代化研究，2004（1）：22-25.

[104] 孙新雷，郭鸿雁．河南省工业化与城市化协调发展研究［J］经济经纬，2003（5）：28-32.

[105] 陆永忠，陈波．中国快速城市化发展的机制研究［J］．经济地理，2005（4）：78-82.

[106] 周振华．中国经济分析——政府选择［M］．上海：上海人民出版

社，2005.

[107] 罗小龙，张京祥. 制度创新：苏南城镇化第三次突围［J］. 城市规划，2011（5）：51-55.

[108] 王放. 彻底改革户籍管理制度，实现完全的城镇化［J］. 人口与发展，2012（2）：22-24.

[109] 傅崇兰. 小城镇论［M］. 太原：山西经济出版社，2003.

[110] 曹宗平. 中国城镇化之路：基于聚集经济理论的一个新视角［M］. 北京：人民出版社，2009.

[111] Chen Aimin, Coulson N E. Determinants of Urban Migration：Evidence from Chinese Cities［J］. Urban Studies. 2002（12）：2189-2197.

[112] Li Haizheng, Zahniser S. The Determinants of Temporary Rural-to-Urban Migration in China［J］. Urban Studies，2002（12）：2219-2235.

[113] Pan Zuohong, Zhang Fan. Urban Productivity in China［J］. Urban Studies，2002（12）：2267-2281.

[114] FengYi Kugler J，Zak P J Population Growth，Urbanization and the Role of Government in China：A Political Economic Model of Demographic Change［J］. Urban Studies，2002，（12）：2329-2343.

[115] 葛立成. 产业集聚与城市化的地域模式——以浙江省为例［J］. 中国工业经济，2004（1）：56-62.

[116] 赵玮，王韬. 论中部地区产业集聚与城市化之互动［J］. 地域研究与开发，2006（8）：43-47.

[117] 范剑勇. 城市化推进速度的地区差异：基于产业集聚视角的分析［J］. 江海学刊，2008（2）：77-82.

[118] 翟书斌，张全红. 发展经济学［M］. 武汉：武汉理工大学出版社，2009.

[119] 康银劳，袁兰兰. 促进西部地区城镇化发展的政策建议［J］. 宏观经济管理，2001（3）：44-45.

[120] 叶耀先. 中国城镇化态势分析和可持续城镇化政策建议［J］. 中国

人口资源与环境，2006（3）：5-11.

[121] 刘波．我国城镇化发展趋势研究及相关政策建议［J］．城市发展研究，2008（5）：17-21.

[122] 赵峥，倪鹏飞．当前城镇化发展的特征、问题及政策建议［J］．中国国情国力，2012（2）：10-13.

[123] 周元，孙新章．中国城镇化道路的反思与对策［J］．中国人口资源与环境，2012（4）：56-59.

[124] 阎坤，鄢晓发．促进城镇化健康发展的财税政策［J］．税务研究，2008（6）：25-28.

[125] 甘露，马振涛．新型城镇化的核心是人的城镇化［N］．光明日报，2012-10-29.

[126] 单卓然，黄亚平．新型城镇化概念内涵、目标内容、规划策略及认知误区解析［J］．城市规划学刊，2013（5）：16-22.

[127] 魏后凯．多角度聚焦走新型城镇化道路［N］．社会科学报，2013-06-21.

[128] 耿明斋．新型城镇化引领"三化"协调发展的几点认识［J］．经济经纬，2012（1）：4-5.

[129] 魏人民．新型城镇化建设应解决七个失衡问题［J］．经济纵横，2013（9）：12-15.

[130] 陈伯庚，陈承明．新型城镇化与城乡一体化疑难问题解析［J］．社会科学，2013（9）：34-43.

[131] 苗建萍．新型城镇化与新型工业化的互动发展机制［J］．经济导刊，2012（1）：94-96.

[132] 吴江，王斌．中国新型城镇化进程中的地方政府行为研究［J］．中国行政管理，2009（3）：88-91.

[133] 刘嘉汉，罗蓉．以发展权为核心的新型城镇化道路研究［J］．经济学家，2011（5）：82-88.

[134] 刘少华，夏悦瑶．新型城镇化背景下低碳经济的发展之路［J］．湖南师范大学学报（社会科学版），2012（3）：84-87.

[135] 黄艳芬，陆俊．新型城镇化过程中的财税制度取向与配套改革［J］.

税务研究，2013（9）：20-24.

［136］王正明，吕艾芳. 推进新型城镇化的税收政策选择［J］. 税务研究，2013（9）：40-42.

［137］张明斗，王雅莉. 中国新型城镇化发展中的财税政策研究［J］. 现代经济探讨，2013（11）：32-36.

［138］陈映. 四川加快新型城镇化发展的对策建议［J］. 经济体制改革，2010（6）：133-137.

［139］张占仓. 河南省新型城镇化战略研究［J］. 经济地理，2010（9）：1462-1467.

［140］王发曾. 中原经济区的新型城镇化之路［J］. 经济地理，2010（12）：1972-1977.

［141］Leopold A. Wilderness as a land laboratory［J］. Living Wilderness，1941，6（7）：2-3.

［142］E N Chidumayo. A shifting cultivation land use system under population pressure in Zambia［J］. Agroforestry Systems，1987，5（1）：15-25.

［143］Dieter Prinz，Franz Rauch. The Bamenda model. Development of a sustainable land-use system in the highlands of West Cameroon［J］. Agroforestry Systems，1987，5（4）：463-474.

［144］Susana Ochoa-Gaona. Traditional Land-Use Systems and Patterns of forest fragmentation in the highlands of chiapas，Mexico［J］. Environmental Management，2001，27（4）：571-586.

［145］Bui Dung. Land use Systems and Erosion in the Uplands of the Central Coast，Vietnam［J］. Environment，Development and Sustainability，2003，5（34）：461-476.

［146］Parlaree B，Berkes F，Gwich' ln T. Hedlth of the Land，Health of the People：A Case Study on Gwich' in Berry Harvesting in Northern Canada［J］. Ecohealth，2005，2（2）：127-137.

［147］Fikret Berkes，Nancy C Doubleday，Graeme S Gumming. Aldo Leopold's Land Health from a Resilience Point of View：Self-renewal

Capacity of Social-Ecological Systems［J］. Ecohealth，2012，9（3）：278-287.

［148］ Maria Niedertscheider，Karlheinz Erb. Land system change in Italy from 1884 to 2007：Analysing the North-South divergence on the basis of an integrated indicator framework［J］. Land Use Policy，2014（39）：366-375.

［149］ Andres Arnalds. Carbon Sequestration and the Restoration of Land Health［J］. Climatic Change，2004，65（3）：333-346.

［150］ J L Nirmal Kumar，Kanti Patel，Rita N Kumar，et dl. An assessment of carbon stock for various land use system in Aravally mountains，Western India［J］. Mitigation and Adaptation Strategies for Global Change，2010，15（8）：811-824.

［151］ 兰亭超. 成都市土地利用系统健康水平空间计量研究［D］. 成都：四川师范大学，2015.

［152］ 刘永清，张光宇. 论土地利用系统工程——原理、方法和体系［J］. 系统工程，1997，15（2）：8-12，57.

［153］ 梁勤欧. 城市土地利用系统的复杂性研究［J］. 国土资源科技管理，2003（2）：40-43.

［154］ 朱晓华，蔡运龙，蒋为国，等. 自组织的土地利用系统［[J］. 中国土地科学，2005，19（2）：21-28.

［155］ 班春峰. 江苏省土地利用系统协调性分析［C］//中国科学技术协会学会，福建省人民政府. 经济发展方式转变与自主创新——第十二届中国科学技术协会年会. 2010.

［156］ 刘沛，段建南，王伟，等. 土地利用系统功能分类与评价体系研究［J］. 湖南农业大学学报（自然科学版），2010，36（1）：113-118.

［157］ 文政兵. 基于城市土地利用系统的循环经济协同发展分析［J］. 测绘科学，2014，2（39）：42-47.

［158］ 陆丽珍，詹远增，叶艳妹，等. 基于土地利用空间格局的区域生态系统健康评价——以舟山岛为例［J］. 生态学报，2010，30（1）：245-252.

[159] 蔡为民，唐华俊，陈佑启，等．土地利用系统健康评价的框架与指标选择 [J]．中国人口·资源与环境，2004，14（1）：31-35.

[160] 郑华伟，张锐，杨兴典，等．基于 PSR 模型的土地利用系统健康评价及障碍度因子诊断 [J]．长江流域资源与环境，2012，9（21）：1099-1105.

[161] 郭杰，吴斌，欧名豪，等．兰州市多目标区域土地利用系统优化研究 [J]．中国土地科学，2011，25（7）：72-79.

[162] 郭杰，吴斌．土地利用系统健康评价 [J]．中国土地科学，2011，25（4）：71-77，96.

[163] 贺翔．上海市土地利用系统健康评价研究 [D]．武汉：华中科技大学，2007.

[164] 卢新海，曹小娉．土地健康利用与经济发展的耦合关系研究 [J]．资源开发与市场，2012，10（28）：904-907.

[165] 兰亭超，唐世超．基于 PSR 模型的土地利用系统健康诊断与时间演化特征 [J]．湖北农业科学，2014，18（53）：4470-4474.

[166] 张悦，宋戈．城市土地利用系统健康评价——以哈尔滨市为例[J]．城市问题，2013，12（221）：26-31.

[167] 杨丹，叶长盛．南昌市土地利用系统健康评价及障碍因素诊断 [J]．华东理工大学学报（社会科学版），2013，3（32）：320-326.

[168] 张锐，刘友兆，丑建立．中国土地利用系统健康动态评价 [J]．水土保持通报，2014，34（2）：197-203.

[169] 杨小波，陈明智，吴庆书．热带地区不同土地利用系统土壤种子库的研究 [J]．土壤学报，1999，36（3）：327-333.

[170] 杨金玲，张甘霖，张华，等．亚热带丘陵区流域不同土地利用系统磷素径流输出特征 [J]．环境科学，2002，23（5）：36-41.

[171] 东野光亮，赵文武，张银辉，等．农业开发区可持续土地利用系统结构模型研究 [J]．农业工程学报，2002，18（2）：165-170.

[172] 梁发超，刘黎明，许瑾璐．闽北典型盆地土地利用系统协调性研究——以周宁县狮浦盆地为例 [J]．地理科学，2011，4（31）：447-452.

［173］赵雨果，涂建军．三峡库区消落带土地利用系统结构合理性分析——以重庆开县消落带为例［J］．云南师范大学学报（哲学社会科学版），2012，44（2）：45-51．

［174］张小虎，赵素霞，郭增长，等．煤炭资源枯竭型城市土地利用系统健康评价——以焦作市为例［J］．农业现代化研究，2013，3（34）：343-347．

［175］张文斌．基于改进 PSR 模型的西北干旱区土地利用系统健康评价——以玉门市为例［J］．中国农学通报，2014（34）：74-80．

［176］段豪伟，孙鹏举，刘学录，龙涛．基于"低碳"理念的城市土地利用系统健康评价研究［J］．中国农学通报，2015（21）：188-193．

［177］姚岚，吴次芳，吕添贵，张舟．基于三角模型的喀斯特地区土地利用系统健康评价［J］．农业工程学报，2015（14）：246-254．

［178］洪惠坤，廖和平，魏朝富，李涛，谢德体．基于改进 TOPSIS 方法的三峡库区生态敏感区土地利用系统健康评价［J］．生态学报，2015（24）：8016-8027．

［179］李睿璞，关江华．基于 PSR 模型的快速城市化地区土地利用系统健康性评价——以深圳市为例［J］．华中农业大学学报（社会科学版），2016（3）．

［180］陈倩．重庆市长寿区土地利用系统健康评价研究［D］．重庆：重庆工商大学，2015．

［181］高翔群．大庆市土地利用系统健康评价［D］．哈尔滨：东北农业大学，2016．

［182］刘宝涛，王冬艳，刘惠清．基于 DPSIR 模型与 TOPSIS 算法的吉林省土地利用系统健康诊断［J］．吉林农业大学学报，2016（6）．

［183］刘宝涛，郄瑞卿，王冬艳，刘惠清．基于灰色关联模型的吉林省土地利用系统健康诊断［J］．中国农业资源与区划，2016（10）：9-17．

［184］刘宝涛，王冬艳，刘惠清．吉林省经济发展与土地健康利用耦合协调演化分析［J］．资源开发与市场，2016（12）：1420-1426．

［185］孔凡文，许世卫．论城镇化速度与质量协调发展［J］．城市问题，

2005（5）：58-61.

[186] 蔡孝茂．城市经济学［M］．天津：南开大学出版社，1998.

[187] 饶会林．城市经济学［M］．大连：东北财经大学出版社，1999.

[188] 李树琼．中国城市化与小城镇发展［M］．北京：中国财政经济出版社，2002.

[189] 成德宁．城市化与经济发展——理论、模式与政策［M］．北京：科学出版社，2004.

[190] 刘书楷．土地经济学［M］．北京：中国农业出版社，1996.

[191] 周诚．土地经济研究［M］．北京：大地出版社，1996.

[192] 王万茂．土地利用规划学［M］．北京：中国大地出版社，1996.

[193] 毕宝德．土地经济学［M］．北京：中国人民大学出版社，1993.

[194] 唐华俊，陈佑启，等．中国土地资源可持续利用的理论与实践［M］．北京：中国农业科技出版社，2000.

[195] 谢俊奇．可持续土地利用系统研究．中国土地科学［J］．1999，13（4），35-38，47.

[196] 埃比尼，泽·霍华德．明日的田园城市［M］．中译本．北京：商务印书馆.2000.

[197] 孙振华．新型城镇化发展的动力机制及其间效应［D］．大连：东北财经大学，2014.

[198] 王新越．我国旅游化与城镇化互动协调发展研究［D］．青岛：中国海洋大学，2014.

[199] 密长林．土地节约集约利用与经济发展的协调性研究［D］．天津：天津大学，2015.

[200] 伊利．土地经济学原理［M］．中译本．北京．商务印书馆.1982.

[201] 董会和．我国城镇化的土约集约利用响应与调控研究［D］．长春：东北师范大学，2015.

[202] 蒲春玲．新疆土地资源优化配置与区域经济可持续发展研究［D］．乌鲁木齐：新疆农业大学，2005.

[203] 李穗浓．基于城镇化视角的乡村土地利用效益评价及调控机制研究［D］．北京：中国地质大学，2015.

[204] 潘培坤，凌岩．城镇化探索［M］．上海：同济大学出版社，2012.

[205] 许学强，周一星，宁越敏［M］．城市地理学．北京：高等教育出版社，1997.

[206] 简新华，何志扬，黄锟．中国城镇化与特色城镇化道路［M］．济南：山东人民出版社，2010.

[207] 顾朝林，于涛方，李玉鸣，等．中国城市化：格局·过程·机理［M］．北京：科学出版社，2008.

[208] 徐明华，盛世豪，白小虎．中国的三元社会结构与城乡一体化发展［J］．经济学家，2003（6）：20-25.

[209] 董鉴泓．中国城市建设史［M］．北京：中国建筑工业出版社，2004.

[210] 刘宝涛，郄瑞卿，王冬艳，郭佳．长吉图先导区城镇化与水土资源系统耦合协调性分析［J］．吉林农业大学学报，2016（1）：80-86.

[211] 刘耀彬，李仁东，宋学锋．中国区域城市化与生态环境耦合的关联分析［J］．地理学报，2005，60（2）：237-247.

[212] 张胜武，石培基，王祖静．干旱区内陆河流域城镇化与水资源环境系统耦合分析：以石羊河流域为例［J］．经济地理，2012，32（8）：142-148.

[213] 倪超，雷国平．黑龙江省粮食生产与耕地利用耦合分析［J］．水土保持研究，2013（1）：246-249，259.

[214] 赵京，杨钢桥．耕地集约利用与经济发展的耦合关系［J］．中国土地科学，2011（9）：35-41.

[215] 张明斗，莫冬燕．城市土地利用效益与城市化的耦合协调性分析——以东北三省34个地级市为例［J］．资源科学，2014，36（1）：8-16.

[216] 黄木易，程志光．区域城市化与社会经济耦合协调发展度的时空特征分析——以安徽省为例［J］．经济地理，2012（2）：77-81.

[217] 吕添贵，吴次芳，游和远．鄱阳湖生态经济区水土资源与经济发展耦合分析及优化路径［J］．中国土地科学，2013，27（9）：3-10.

[218] 廖重斌．环境与经济协调发展的定量评判及其分类体系——以珠江

三角洲城市群为例［J］. 热带地理，1999，19（2）：171-177.

[219] 任志远，徐茜，杨忍. 基于耦合模型的陕西省农业生态环境与经济协调发展研究［J］. 干旱区资源与环境，2011，25（12）：14-19.

[220] 谭俊涛，张平宇，李静，刘世薇. 吉林省城镇化与生态环境协调发展的时空演变特征［J］. 应用生态学报，2015（12）：3827-3834.

[221] 刘建华，周晓. 吉林省城镇化发展与经济增长关系研究［J］. 税务与经济，2014（6）：102-110.

[222] 赵静杰，徐晓梅，张晓英. 吉林省城镇化发展的重点及城镇体系的构建［J］. 经济纵横，2006（14）：57-59，52.

[223] 姜会明，王振华. 吉林省工业化、城镇化与农业现代化关系实证分析［J］. 地理科学，2012（5）：591-595.

[224] 卞凤鸣，刘彦彤，赵玲. 吉林省土地利用空间均衡度评价研究［J］. 中国土地科学，2015（12）：74-80.

[225] 付晓，高吉喜，王雪军，罗遵兰. 基于 RS/GIS 的吉林省土地利用生态评价与预测［J］. 生态经济，2009（8）：33-35，39.

[226] 李淑杰. 吉林省土壤质量与土地利用结构优化研究［D］. 长春：吉林农业大学，2012.

[227] 张洁瑕，陈佑启，姚艳敏，石淑芹. 基于土地利用功能的土地利用分区研究——以吉林省为例［J］. 中国农业大学学报，2008（3）：29-35.

后 记

>>

　　本书是在博士学位论文的基础上完成的。回首四年的博士求学生涯，感受良多。忆往昔，追思忆，这段路途艰辛、收获丰硕的求学历程交织着学习、研究与思考的辛酸、快乐。四年难忘——从吉林农业大学文科楼到吉林大学鸽子楼奔波的疲惫；在办公桌、电脑前学与思的废寝忘食；科研选题与构思的迷惘无助；论文写作与修改的苦恼无奈；论文投稿与外审的焦急等待；论文通过评审与顺利发表的激动喜悦。四年博士生涯的历练，使我的收获远比之前的担忧多得多。今天，能够顺利完成这段崎岖坎坷但却精彩奢华的人生旅程，离不开师长、家人、学友的支持、帮助与关怀，在这里请接受我诚挚的谢意。

　　首先要特别感谢我的博士研究生导师王冬艳教授。回首师从王老师的四年求学历程，对恩师的感激之情难以言表！从博士报考到课程学习，从论文开题到正式撰写，每一步走来，王老师都给予我巨大的鼓励、全力的支持和悉心的指导。恩师对我的关怀帮助和谆谆教诲，给了我作为同时肩负工作职责和家庭重任的在职博士以顺利完成博士学业的动力和信心，恩师的师道师德令我敬仰，恩师严谨的治学态度、宽厚的为人风格和执著的求索精神，是我终身学习的榜样！恩师在课程学习和论文写作过程中给予的指导、启迪和帮助，所倾注的大量心血，令学生终生难忘，在此，我由衷地感激我的恩师王冬艳教授。

还要感谢我的硕士研究生导师刘惠清教授，硕士阶段是开启科学研究、攀登科研高峰的第一站。攻读硕士学位期间，刘老师就在生活和学习方面给予我亲切的关怀和帮助；而在读博士学位期间，刘老师以其深厚的理论基础、坚实的学术功底、丰富的学术经验和严谨的治学态度为我树立了光辉典范，并使我终生受益。感谢刘老师在我博士论文写作过程中给予的巨大帮助，在此向恩师深深地说一声："谢谢！"

感谢在吉林大学攻读博士学位期间所有的授课老师。感谢张树文研究员、王士君教授、姜琦刚教授在开题时给予的帮助和建议。感谢中国科学院地理科学与资源研究所龙花楼研究员对我的科研论文提出了宝贵的指导意见和修改建议。同时感谢博士论文盲审及答辩的各位专家。感谢吉林农业大学经济管理学院的各位领导和同事给予的生活和工作上的关照！

感谢关心我、支持我的双方父母。我儿年幼，尚需照看，非常感谢四位老人帮我照顾家庭、照看孩子。感谢他们在我人生的重要阶段默默地支持我、帮助我，在此谨将一颗拳拳赤子之心献给双方父母，希望他们永远健康、幸福。

最后，感谢我人生中时刻陪伴我的两个重要人物——妻子和儿子。感谢我的妻子郭佳女士在我攻读博士期间无怨无悔地承担起家庭的重任，还协助我完成部分论文修改、英文摘要润色以及规范格式排版工作，给予我一如既往的支持和鼓励，她默默地陪伴让我有十足的勇气去迎接挑战、克服困难。感谢我的儿子，感恩陪伴，看着你日渐成长与进步是我勇往直前、勇攀高峰的无限动力。祝愿我儿喜悦、快乐、健康成长！

谨以此书献给亲爱的家人，也献给一路过来帮助我的老师、领导、同事、朋友们！

刘宝涛

2018 年 5 月于吉林农业大学经济管理学院

图书在版编目（CIP）数据

吉林省新型城镇化与土地健康利用协调发展研究/
刘宝涛著 . —北京：中国农业出版社，2018.6
ISBN 978-7-109-24175-6

Ⅰ.①吉… Ⅱ.①刘… Ⅲ.①城市化－研究－吉林②
土地利用－研究－吉林 Ⅳ.①F299.273.4②F321.1

中国版本图书馆 CIP 数据核字（2018）第 120721 号

中国农业出版社出版
（北京市朝阳区麦子店街 18 号楼）
（邮政编码 100125）
责任编辑 刘明昌
————————————
中国农业出版社印刷厂印刷 新华书店北京发行所发行
2018 年 6 月第 1 版 2018 年 6 月北京第 1 次印刷
————————————
开本：880mm×1230mm 1/32 印张：7.375
字数：200 千字
定价：36.00 元
（凡本版图书出现印刷、装订错误，请向出版社发行部调换）